« L'éditeur de CD Frémeaux publie de précieux disques patrimoniaux, dans tous les domaines. Il vient de sortir un coffret de quatre CD, Les Savants de l'Islam, où Ahmed Djebbar – mathématicien et historien des sciences – dresse un passionnant panorama des activités scientifiques (maths, astronomie, chimie, médecine…) dans les pays musulmans, du VIIIe au XVe siècle. Une brillante réplique à tous ceux qui pourraient croire que l'Occident chrétien a toujours été à la pointe du savoir. »

Par Antonio FISCHETTI
– CHARLIE HEBDO

« D'ici quelques années, les générations de la Shoah auront disparu, l'histoire sera alors livrée aux historiens : elle sera ce qu'ils en feront. C'est pourquoi même si les “négationnistes” n'ont pas eu jusqu'ici l'écho qu'ils espèrent, il est important que leurs thèses mensongères soient dénoncées et privées de toute crédibilité, non seulement par les historiens les plus reconnus dans ce domaine, mais également par les témoignages directs des derniers survivants des camps d'extermination. La série d'entretiens diffusés par France-Culture et regroupés dans le présent coffret répond à ces préoccupations : sous la direction de Jean-Marc Turine, les historiens Valérie Igounet, Pierre Vidal-Naquet et Jacques Tarnero répondent, point par point, à chacune des assertions mensongères des négationnistes (…). L'édition de ces compacts participe de l'éducation nécessaire à cette prise de conscience. »

Simone VEIL

Deux histoires, une terre

Quelles options
pour une communauté
de destin imposée ?

Direction des éditions : Patrick Frémeaux et Claude Colombini Frémeaux
Comité éditorial : Lola Caul-Futy Frémeaux, Augustin Bondoux

Photo Couverture : Cueillette d'olives
près du village d'Al Tuwani (Hébron) 2018. photo de Lucille Saillant
Cartographie : Philippe Rekacewicz Associate researcher,
Social Science Group,
University of Wageningen, Netherlands

« Israël étant né à la suite d'un martyre, celui de la Shoah, toute discussion politique, historique ou sociologique risque toujours de raviver la souffrance originelle. Israël, c'est aussi la culture juive, celle qui a enfanté la pensée judéo-chrétienne, celle qui a largement participé à l'histoire de la philosophie, et majoritairement inventé l'introspection. L'Institut d'études lévinassiennes, qui maintient l'exigence d'une tradition intellectuelle du plus haut niveau de pensée et de savoir – a relevé le défi de poser la question d'Israël d'un point de vue philosophique. Il propose dans ce grand débat devenu historique une réflexion croisée de trois des plus éminents penseurs contemporains : Benny Lévy, Bernard-Henri Lévy et Alain Finkielkraut. Né du souffle philosophique d'Emmanuel Lévinas et destiné à en rappeler l'importance, l'Institut – fondé par les trois intervenants de ce débat et dirigé par Benny Lévy jusqu'à sa mort en 2003 – vit aujourd'hui sous l'impulsion de MM. René Lévy, Laurent Touil Tartour et Patrick Fabre. Il a pour objet de faire revivre la parole, celle qui ne confronte pas les coeurs mais qui se construit de la diversité des pensées et des écoles pour continuer d'actualiser la tradition philosophique dans notre modernité. »

Patrick Frémeaux

ISBN 978-2-84468-980-1
Dépôt légal Octobre 2024

20, rue Robert Giraudineau, 94300 Vincennes, France
www.fremeaux.com

Emmanuelle Morau

Deux histoires, une terre

Quelles options pour une communauté de destin imposée ?

FRÉMEAUX & ASSOCIÉS

Ce coffret présente pour la première fois des entretiens d'Henry Corbin (1903-1978) découvreur, traducteur et éditeur des grands philosophes et mystiques de l'islam, qui nous propose une histoire de la pensée orientale et occidentale, qui nous rappelle les liens intellectuels entre les philosophies de l'Islam et ceux du Judaïsme et du Christianisme.

Patrick Frémeaux

« Aujourd'hui, ma principale indignation concerne la Palestine, la bande de Gaza, la Cisjordanie. Ce conflit est la source même d'une indignation. »

Stéphane HESSEL –
Engagez-Vous !
(Frémeaux & Associés
en accord avec Stephane
Hessel, Gilles Vanderpooten
et les Editions de l'Aube).

« La mort de l'empathie humaine est l'un des premiers signes et le plus révélateur d'une culture sur le point de sombrer dans la barbarie. »

Hannah Arendt

Avant-propos de Patrick Frémeaux

Ce livre est ma commande sur un sujet qui clive émotionnellement nos sociétés, car il est la cicatrice ouverte d'un raté de l'histoire dont on voudrait qu'elle ait progressé socialement.

Il y a d'abord une souffrance d'appartenance, la souffrance juive d'une histoire qui semble inlassablement se répéter depuis deux mille ans, d'Alexandrie au ghetto de Varsovie, des persécutions du Moyen Âge jusqu'à Auschwitz.

Au collège, j'ai appris que c'étaient les forces armées nazies qui avaient orchestré les déportations, tandis que ma propre fille a été enseignée que la police française était responsable de la rafle du Vel' d'Hiv. Entre-temps, l'histoire a accompli son œuvre de révélation grâce au travail des historiens, du CNRS et de figures telles que Serge et Beate Klarsfeld[1].

---

1. 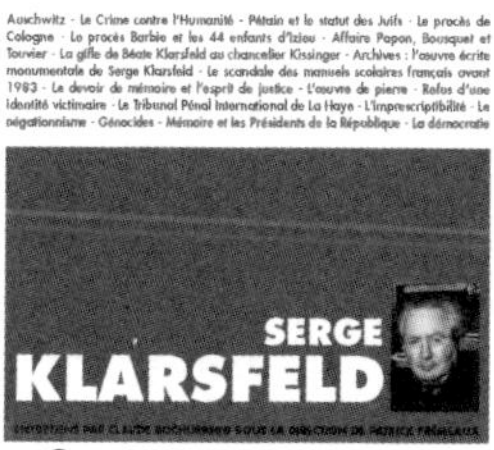

Serge Klarsfeld – Entretiens (Coffret CD La Librairie Sonore de Frémeaux & Associés).

À l'âge de vingt ans, la lecture de « L'Imprescriptible » de Jankélévitch (Seuil, 1986) a profondément marqué ma réflexion[2]. Dans cet ouvrage, Jankélévitch défend le sionisme et explore la douleur de l'impardonnable. Avec justesse, il souligne que l'antisionisme peut aisément se

---

2. 

Vladimir Jankélévitch – un homme libre (livre 200 pages Frémeaux & associés) Le XXe siècle a été marqué par deux guerres mondiales qui ont profondément influencé la pensée intellectuelle. Parmi les figures éminentes de cette époque, cinq noms se distinguent : Bergson, Bachelard, Camus, Sartre et Jankélévitch. Vladimir Jankélévitch, professeur à la Sorbonne, se démarque comme un théoricien de la morale et de la politique, ainsi qu'un éminent musicologue. Cet ouvrage synthétise un large éventail de sujets, depuis l'histoire des idées de Platon et Bergson jusqu'à la musique des compositeurs tels que Debussy et Chopin, mais aussi des concepts fondamentaux tels que la mort et l'existence. L'intérêt de publier une transcription de ses cours ou fragments de cours réside dans le fait qu'elle offre une introduction accessible à son œuvre philosophique. Les lecteurs ont ainsi la possibilité d'explorer son travail de manière aisée et immersive, tout en bénéficiant de son style verbal captivant et de sa profondeur intellectuelle. Les commentaires de Françoise Schwab, Christine Goémé et Édith Zha circonstancient l'univers intellectuel de cet érudit polyvalent, permettant au lecteur de saisir pleinement l'importance de sa contribution à la pensée du XXe siècle. Patrick Frémeaux.

muer en un antisémitisme déguisé. Michel Onfray consacrera au philosophe plusieurs chapitres[3].

Mais est-ce que Jankélévitch prend en compte la présence déjà établie des peuples autochtones (Peuples d'origine) dans ce « Far East » de la Cisjordanie.

Il y a une symbolique juive sur la terre promise que nous ne comprenons pas toujours, car elle exprime une connexion spirituelle et historique unique. Les non-juifs appartiennent à des terres d'idées, de langue et de culture mais pas à une terre dont ils auraient été privés pendant des siècles, voire des millénaires.

C'est dans cette quête de légitimité territoriale, où la question de l'obligation de l'intégration ne se poserait pas, que réside le rêve représenté par Israël.

Les enregistrements ethnomusicologiques de Deben Bhattacharya, présents dans le coffret « World Music

3. 

Contre-Histoire de la philosophie Vol. 26 – Michel Onfray (Coffret CD Frémeaux & Associés – France Culture).

of Israel » et datant de ses collectes de 1957[4], offrent une perspective fascinante. On y découvre une convergence de toutes les cultures du monde, une diversité[5]

---

4. 

World Music from Israel (Coffret CD Frémeaux & Associés).

5. Les multiples communautés de la diaspora juive qui y convergeaient alors avaient conservé leurs particularités culturelles que, par la force des choses, l'actuel melting-pot israélien a quelque peu atténuées. Consacré aux musiques profanes des juifs d'Orient, le premier CD s'ouvre sur un choix de chants d'amour interprétés dans le style marocain par le chanteur et luthiste Sebag Hehuda, dont les accents nostalgiques évoquent parfois les parfums tenaces de la terre andalouse. Après quelques chants de mariage tunisiens et yéménites accompagnés de percussions de fortune tel un bidon de kérosène, cette sélection orientale se termine sur les airs de fête du répertoire de Boukhara, conservé par un ensemble amateur où l'on retrouve, outre la voix d'une chanteuse, les principaux instruments de la musique ouzbèke : cithare chang, vièle kamancha, luth tanbur et tambour doira. Les juifs d'Europe sont représentés sur le second disque, tout d'abord par un chœur constitué d'Ashkénazes originaires d'Ukraine et de Hongrie formés à l'école synagogale. De magnifiques voix aux timbres graves et puissants nous permettent d'apprécier les accents de quelques chants religieux interprétés en hébreu. Changement de ton ensuite avec l'orchestre de la police de Tel Aviv qui, formé d'émigrés autrichiens, tchèques, roumains et grecs, a conservé toute la truculence des fanfares d'Europe centrale. Comme on pouvait l'espérer, ce périple se conclut avec trois ballades séfardiques, interprétées en ladino (espagnol

qui reflète la réalité de Jérusalem et Tel Aviv en tant que villes mondes, tout comme New York, Londres, Paris ou Saint-Pétersbourg. Cette diversité symbolise la capacité d'intégration totale, illustrant la vision d'Israël comme un lieu où les différences culturelles peuvent se fondre harmonieusement.

Lorsque les éditions de la librairie sonore Frémeaux ont étendu la réédition du patrimoine musical (comme par exemple les coffrets yiddish[6] ou klezmer[7]) au

ancien) par un petit groupe familial sur l'accompagnement du luth paternel. En restituant la mémoire d'une époque si particulière dans l'histoire du peuple juif, cette publication témoigne de l'étonnant brassage de cultures dont les premières années de l'État d'Israël furent le théâtre. Laurent AUBERT – LE MONDE DE LA MUSIQUE.

6.

Yiddish NEW YORK – PARIS – VARSOVIE 1910-1940 (Coffret CD Frémeaux & Associés).

7.

Klezmer, American Recordings 1909-1952 (Coffret CD Frémeaux & Associés).

patrimoine parlé, une initiative remarquable a vu le jour en collaboration avec Radio France et les associations d'histoire. Ensemble, ils ont produit l'un des premiers coffrets audios de témoignages enregistrés par les bénévoles des Publications de l'École Moderne Française, dans la lignée de la pédagogie de Freinet. Intitulé « La déportation »[8], ce coffret présente de nombreux récits poignants de déportés, qu'ils soient juifs ou résistants.

Cependant, une lacune subsiste dans cette démarche : les enregistrements de l'autorité publique française et des médias antisémites, qui auraient pu éclairer les mécanismes historiques de manipulation des populations, manquent à l'appel. Ces archives sont conservées à l'INA (Institut national de l'audiovisuel), mais leur publication suscite des réticences. En effet, l'INA a souvent été confronté à des difficultés pour valoriser ses fonds radiophoniques avec les éditeurs culturels, quelle que soit la thématique.

En 2000, nous sommes quatre ans après le discours courageux de Jacques Chirac, où il déclarait : « Ce jour-là, la France, patrie des Lumières et des droits de l'homme,

---

8. 

La Déportation TÉMOIGNAGES ET ITINÉRAIRES DES DÉPORTÉS 1942 – 1945 (Coffret CD Frémeaux & Associés – Radio France – PAROLES IMAGES ET SONS).

terre d'accueil et d'asile, devait accomplir l'irréparable[9]. » Ce discours marquait l'institutionnalisation de la reconnaissance des erreurs de la France. Sans savoir que je deviendrais ensuite l'éditeur des discours de Chirac, président de la République, je prends contact avec l'Élysée et obtiens quasi simultanément de nombreuses archives. Parmi elles, se trouvaient les enregistrements radiophoniques de Philippe Henriot et l'interview surréaliste d'André Saudemont avec le commissaire de l'exposition sur la question juive au Palais Berlitz. Ces enregistrements sont des pièces incarnées de notre histoire honteuse.

Nous décidons alors de regrouper ces documents sonores avec les témoignages de déportés dans un coffret intitulé « Crime contre l'humanité »[10], accompagné d'un livret critique réalisé par Jean-Marc Turine, préfacé

9. 

Jacques Chirac 1995-2007 président de la République, discours sélectionnés par Philippe Bas et Lola Caul-Futy Frémeaux (Coffret CD Frémeaux & Associés en accord avec les Archives Nationales et en partenariat avec France Inter).

10. 

Crime contre l'humanité, Témoignages et archives 1941 – 1985 (Frémeaux & Associés – INA).

par Serge Klarsfeld[11] et comprenant des textes de Ady Steg et Primo Levi. Ce coffret vise à révéler le rôle des médias officiels entre 1941 et 1944 dans la diffusion de la propagande antisémite et contre les résistants. Le deuxième CD regroupe des récits poignants de déportés. Il est important de souligner qu'en l'an 2000, la mise en lumière de la responsabilité du gouvernement français présidé par Pétain et Laval, ainsi que d'un grand nombre de fonctionnaires français, dans la déportation et la promotion des idéologies associées, était très récente. Les livres scolaires ne mentionnaient pas la réalité de notre histoire avant 1983. C'est grâce à l'action des associations de déportés et au travail de recherche systématique réalisé par Serge Klarsfeld sur l'histoire de l'Holocauste que la France a pu confronter la vérité sur son passé.

« L'édition de ce coffret ne se justifiait pas seulement par une volonté de vulgarisation de faits historiques

11. En pleine civilisation, en se servant de procédés méthodiques, la cruauté raciale nazie a atteint son paroxysme. Six millions de juifs ont succombé dans les conditions les plus atroces à ce mélange de mystique barbare et d'esprit administratif. Cette colossale entreprise d'extermination, par sa nature et par ses dimensions, n'a jamais eu d'équivalent. Pour être menée à bien par l'État d'un peuple appartenant dans son ensemble au Christianisme et connu pour être l'un des plus civilisés du monde occidental, il a fallu deux catégories de criminels : – ceux qui perpétraient directement les assassinats massifs, la base de cette hiérarchie du crime, – et ceux qui tuaient de derrière leurs bureaux, c'est-à-dire qui donnaient des ordres de tuer ou dont les activités contribuaient à l'organisation du crime. Les uns et les autres sont coupables car, sans leurs agissements conjugués, il n'y aurait pas eu ces millions de victimes dont, sans doute plus d'un million d'enfants. À ce crime inexpiable devait correspondre une impérative exigence de justice. Serge Klarsfeld. (Crime contre l'humanité – Frémeaux & Associés – INA)

majeurs, mais aussi par le dessein inavoué que la connaissance de l'horreur humaine puisse être décisive pour prévenir son basculement possible et renforcer notre vigilance sur nos valeurs démocratiques, gardiennes de la maturité nécessaire à l'humanité, » écrivais-je en 1999, convaincu que la démocratie restait une sentinelle contre les exactions et les crimes de guerre.

Pourtant, les agissements de l'Occident et du monde libre, représentés par des nations comme les États-Unis, la France ou Israël, démontrent que la démocratie et le respect des droits de l'Homme ne sont pas toujours intrinsèquement liés. Les exemples abondent, révélant que même au sein des démocraties, des violations des droits humains peuvent se produire. Cela souligne la complexité et les défis constants auxquels sont confrontées les sociétés démocratiques dans leur quête d'un véritable respect des valeurs humaines universelles.

L'approche de Sartre et Benny Levy sur le retour à la terre[12], ainsi que la pensée de Lévinas[13], s'inscrivent dans le récit d'Israël, dans l'histoire séculaire du monde juif qui cherche à vivre une singularisation, souvent accompagnée de distinction voire de ségrégation. Israël est né à la suite d'un martyre, celui de la Shoah, et toute discussion politique, historique ou sociologique risque toujours de raviver cette souffrance originelle.

Israël incarne également la culture juive, celle qui a donné naissance à la pensée judéo-chrétienne, qui a

12. « Achever Sartre » (Grasset) Laurent Touil-Tartour analyse le livre commun de Sartre et Benny Levy « L'Espoir maintenant ».

13. « Le charme discret du Talmud » par Philippe Chevallier, Philosophie Magazine N° 15, décembre 2027.

largement contribué à l'histoire de la philosophie et qui a en grande partie inventé l'introspection. J'ai proposé à l'Institut d'études lévinassiennes d'éditer le débat devenu historique d'une réflexion croisée en 2001 entre Benny Lévy, Bernard-Henri Lévy et Alain Finkielkraut, intitulé « La mémoire, l'oubli, solitude d'Israël »[14]. Cet

---

C'est l'un des courants souterrains de la philosophie contemporaine : nourris par la phénoménologie allemande et marqués par la Shoah, trois penseurs majeurs du XXe siècle, Emmanuel Lévinas, Jacques Derrida et Benny Lévy, ont entretenu, chacun à leur manière, des liens subtils avec le judaïsme. Pour eux, Dieu, c'est d'abord l'Autre inaccessible avant d'être le Tout. Jérusalem a-t-elle remplacé Athènes dans le cœur des penseurs ? Depuis quelques décennies, le judaïsme est redevenu un laboratoire philosophique. Sans parler de « tournant théologique », comme le fit récemment Dominique Janicaud dans un brillant pamphlet, « Le Tournant théologique de la phénoménologie française » (l'Éclat), on relève que des mots et des noms empruntés aux textes sacrés sont venus déranger un discours philosophique traditionnellement agnostique. Lecteur du Talmud, Emmanuel Lévinas a ainsi rapatrié dans le champ philosophique un vocabulaire auparavant réservé aux religions : le saint, la révélation, le prophète. Croisant ses pas, Jacques Derrida, penseur de la déconstruction, et Benny Lévy, ancien dirigeant de la gauche prolétarienne, ont parlé d'Abraham et de Moïse, comme d'autres de Platon. Il s'agit de reprendre la question historique et philosophique du judaïsme. Philippe Chevallier, © Philosophie magazine 2007.

14. 

« La Mémoire, L'Oubli, Solitude d'Israël » – L'Enregistrement du Débat Public à Jérusalem en 2001. BERNARD-HENRI LEVY, ALAIN FINKIELKRAUT, BENNY LEVY (Frémeaux & Associés – Institut d'études lévinassiennes).

enregistrement, comme tous ceux de l'Institut d'études lévinassiennes, était la promesse que le judaïsme pourrait redevenir un laboratoire philosophique, héritage d'Emmanuel Lévinas, Jacques Derrida et Benny Lévy, qui ont maintenu un lien entre la pensée contemporaine et le judaïsme.

Benny Levy a exploré le judaïsme hellénistique avec sa série de cours « L'Alcibiade de Platon, l'engagement politique en question »[15], tandis que Bernard-Henri Lévy

---

15. 

« Platon : L'Engagement Politique En Question » Expliqué Par Benny Lévy – 4 DVD (UN FILM DE PASCALE THIRODE & JACKIE BERROYER) (Frémeaux & Associés).
Benny Lévy, qui ne fut pas moins que l'élève d'Althusser, l'assistant de Sartre, le disciple de Levinas, dont l'œuvre se situe aux confins des traditions juives et occidentales, est aujourd'hui considéré comme l'un des intellectuels et des passeurs les plus brillants de sa génération. À travers l'étude de l'Alcibiade de Platon, grand texte philosophique fondateur puisqu'il interroge l'engagement politique, Benny Lévy délivre un formidable séminaire de 14 heures motivé par une indicible envie de transmettre et une manière particulièrement revigorante d'aborder et de s'approprier le texte et les idées. En effet, pédagogue passionné, lorsqu'il s'adresse à son auditoire tout son être s'exprime, dans sa façon de parler, de se déplacer, de gesticuler, mais également de dialoguer avec le texte et de l'apprivoiser… Il est l'éclatante figure de l'instruction dialogique de la

est devenu le philosophe sans doute le plus préoccupé par la guerre[16]. Malgré les railleries dont il est l'objet, il demeure l'un des penseurs français les plus pertinents sur l'actualité internationale.

La fin des années 90 et le début des années 2000 ont marqué une période de prise en charge matérielle des préjudices subis par les familles de déportés, notamment avec la mise en place de la Commission Mattéoli. C'était aussi une époque marquée par la quête de justice, car après la poursuite en justice des criminels nazis comme Klaus Barbie par la famille Klarsfeld et Regis Debray en 1972, ce sera au tour des fonctionnaires liés indirectement au crime contre l'humanité, tel que Maurice Papon, d'être jugés.

Cette période a également vu l'émergence d'une législation spécifique à l'antisémitisme, distincte du racisme ordinaire, et a été caractérisée par le courage

---

philosophie, qui depuis Socrate et Platon préfère la transmission orale du savoir.

Fasciné par l'enseignement de Benny Lévy, dont il fut l'auditeur pendant plusieurs années, Jackie Berroyer demande à Pascale Thirode de filmer le cours, afin d'en garder une trace audiovisuelle. Ce coffret DVD présente en sus le remarquable film documentaire de la réalisatrice, montrant des extraits du séminaire de février à mai 1996, entrecoupés de commentaires du philosophe lui-même, que Pascale Thirode et Jackie Berroyer sont allés filmer postérieurement à Jérusalem en 1997. Les passages de cet entretien rythment le fi lm et lui donnent une dimension réflexive qui met en perspective la singularité de la parole enseignante de Benny Lévy, qui comme le soutient Bernard-Henri Lévy est « l'un des rois cachés de notre temps ».

16. « Réflexions sur la guerre, le mal et la fin de l'histoire » Bernard-Henri Lévy (Grasset).

des survivants de la déportation qui ont osé témoigner de leurs expériences traumatisantes. En 2001, j'ai eu l'honneur de convaincre Simone Veil de préfacer l'ouvrage audio de Jean Marc Turine et les écrits de Valérie Igounet sur le Négationnisme[17]. J'ai également pu éditer le témoignage poignant de Sabine Szlatin, l'institutrice revenue de la déportation des enfants d'Izieu[18], et enregistrer pendant huit heures Serge Klarsfeld sur son œuvre politique, en

17. 

Le Négationnisme 1948-2000 Jean-Marc Turine préfacé par Simone Veil (Frémeaux & Associés – France Culture)
« D'ici quelques années, les générations de la Shoah auront disparu, l'histoire sera alors livrée aux historiens : elle sera ce qu'ils en feront. C'est pourquoi même si les "négationnistes" n'ont pas eu jusqu'ici l'écho qu'ils espèrent, il est important que leurs thèses mensongères soient dénoncées et privées de toute crédibilité, non seulement par les historiens les plus reconnus dans ce domaine, mais également par les témoignages directs des derniers survivants des camps d'extermination.
La série d'entretiens diffusés par France Culture et regroupés dans le présent coffret répond à ces préoccupations : sous la direction de Jean-Marc Turine, les historiens Valérie Igounet, Pierre Vidal-Naquet et Jacques Tarnero répondent, point par point, à chacune des assertions mensongères des négationnistes. Outre un historique très précis du "mouvement négationniste", ces entretiens présentent une analyse approfondie des motivations d'ordre personnel ou idéologique de ses porte-parole les plus significatifs. L'édition de ces compacts participe de l'éducation nécessaire à cette prise de conscience. »
Simone VEIL © Frémeaux & Associés.

18. Les enfants d'Izieu – Rolande Causse (Frémeaux & Associés).

collaboration avec Claude Bochurberg. Ces initiatives ont contribué à la préservation de la mémoire collective et à la lutte contre le négationnisme et un révisionnisme malveillant.

Les années 2000 sont aussi marquées par une prise de conscience croissante selon laquelle l'Holocauste, bien que tragique et unique dans son ampleur, s'inscrit dans une histoire plus vaste de drames humains, de génocides et de crimes contre l'humanité. Cette période a vu émerger une évolution de notre vision de l'histoire, remettant en question les récits traditionnels de la colonisation et examinant de manière critique le rapport entre les Occidentaux et les peuples autochtones dont les territoires ont été envahis.

Les atrocités commises à l'encontre des « *native people* », comme les Amérindiens dans l'histoire du Far West, ainsi que les lois mémorielles, reliées à l'héritage de l'esclavage, portées par Christiane Taubira[19], ont souligné le besoin d'égalité en reconnaissance. Cette reconnaissance des injustices du passé a mis en lumière la nécessité de réparer les torts infligés aux peuples dominés à travers le monde.

19. 

Slavery In America – Redemption Songs MUSIQUES ISSUES DE L'ESCLAVAGE AUX AMÉRIQUES 1914-1972 – Direction Bruno Blum et préface de Christiane Taubira (Frémeaux & Associés – Musée du Quai Branly – Jacques Chirac).

On peut légitimement se demander si la colonisation israélienne en Cisjordanie ne constitue pas une forme contemporaine de « Far East », évoquant les parallèles avec les histoires de colonisation et d'occupation dans d'autres régions du monde. Cette analogie invite à une réflexion profonde sur les implications morales et politiques de l'expansion territoriale et de ses conséquences en termes de droit du sol.

Et la phrase d'André Frossard devient valable pour toutes les populations : « Il y a crime contre l'humanité lorsque l'on tue quelqu'un sous prétexte qu'il est né. » Rony Brauman enchérit « Les Israéliens et leurs soutiens font de ce conflit une guerre de civilisation dans laquelle une démocratie se défend contre des barbares. Dans ces conditions, tout est permis, comme au temps des guerres coloniales » (dans *Philosophie Magazine*). L'ex-président de Médecins sans frontières rappelle aussi « Comme Israël est toujours en légitime défense, tout ce qu'il saisit devient sa propriété ».

Que dirait Hannah Arendt[20] aujourd'hui ? Comment sa vision du totalitarisme si bien explicité par Michel

20. 

Hannah Arendt – La Crise de La Culture par Jean-François Mattéi (Frémeaux & Associés).

Onfray dans la Contre-Histoire de la philosophie[21] serait interprétée au vu de l'ensemble des évènements actuels ?

Le crime terroriste du Hamas du 7 octobre contre les populations israéliennes est affreusement redondant sur l'histoire tragique juive, et on peut comprendre ce peuple dont la sécurité devient la seule valeur de survie.

Mais quid de la communauté internationale à effectuer si peu de médiation et d'aide à l'égard de la Palestine qui compte déjà plusieurs dizaines de milliers de morts, alors que l'Ukraine est soutenue hors considération géopolitique.

J'aime beaucoup la réflexion historique de Michel Serres que je résume ainsi ; Jérusalem a inventé la pensée, Athènes le verbe et Rome la matière.

Cette approche met en lumière l'importance de la loi et du droit dans l'organisation sociale et politique. Si le peuple juif a été associé à l'invention de la loi, symbolisée

21.

Contre-Histoire de la philosophie Vol. 23 Hannah Arendt – Michel Onfray (Frémeaux & Associés – France Culture).

notamment par les commandements contenus dans les livres[22] de l'Exode, du Lévitique, des Nombres et du Deutéronome, c'est Rome[23] qui a institutionnalisé le droit, offrant ainsi des mécanismes de recours et de régulation dans la société.

Cette distinction entre la loi et le droit révèle les subtilités de la gestion territoriale et de l'organisation sociale, soulignant l'importance des cadres juridiques et institutionnels dans la préservation de l'ordre et de la justice au sein d'une communauté ou d'un État.

Et pourtant Léon Blum, qui est pour moi un de nos plus grands politiques et homme de lettres, au point que j'ai passé plusieurs années à faire réunir

22. 

La Bible – Ancien et Nouveau Testament (Frémeaux & Associés).

23. 

Histoire de Rome, Un cours particulier de Stéphane Benoist (Collection Frémeaux Presses Universitaires de France).

ses 22 discours enregistrés de sa propre voix[24], dont le célèbre « De quoi est né le socialisme », a eu l'occasion, dans ses Nouvelles Conversations de Goethe avec Eckermann de se prononcer sur l'aspect culturel du judaïsme :

« Les Juifs sont résignés. Ils ont supporté la dispersion, l'esclavage, la vie ingrate, le mépris, et pendant tant de siècles, le labeur obscur perdu à des tâches imposées. » Et si on lui demande ce qu'est cette foi, il répond : « Elle est toute rationnelle. Elle tient en un mot : la Justice. Le Juif a la religion de la Justice… ; l'idée seule de la Justice inévitable a soutenu et rassemblé les Juifs dans leurs longues tribulations… Si le Christ a prêché la charité, J… voulait la justice. La Bible dit : un juste – quand l'Évangile dit : un saint. »

La justice, comme le droit, reste néanmoins culturelle et rattachée aux besoins de survie d'un collectif dans des conditions données. Il n'y a pas de justice immanente.

Il y a une similitude judéo-musulmane dans la diversité des cultures qui ont voyagé à travers le monde et agrégé toutes les cultures ; du flamenco andalou métissant

24.

Léon Blum Présenté Par Lionel Jospin 22 DISCOURS HISTORIQUES DE LA VOIX DE LEON BLUM 1929-1947 (Frémeaux & Associés).

les quatre cultures juive, maure, chrétienne et gitane[25], à la route musulmane qui relie les Balkans à l'Afghanistan, depuis Alexandre de Macédoine jusqu'à ses successeurs communistes ou adeptes du fondamentalisme islamique[26],

---

25. 

Flamenco 1952-1961 (Frémeaux & Associés) « Musique populaire au sens noble du terme, le flamenco est issu du brassage culturel de l'Andalousie. L'Espagne, dans toute sa richesse arabo-judéo-chrétienne et gitane, affirme ici son statut de précurseur dans la world music. » Philippe LESAGE.

26. 

Muslim Music From Europe & Asia DEBEN BHATTACHARYA COLLECTION (Frémeaux & Associés) « Quatrième double CD dans la série confiée à Deben Bhattacharya et à ses centaines d'heures d'enregistrements. Le premier CD de ce nouveau coffret explore la Bosnie, Macédoine, et Bulgarie. L'autre volet nous emmène en Afghanistan avant la guerre. Bhattacharya a choisi comme thème commun la musique musulmane de ces quatre pays. Mais il ouvre le coffret sur un chant de berger qui, à l'époque, était chanté par trois femmes, membres des trois religions de Bosnie : judaïsme, Christianisme et Islam. L'auteur ajoute que s'il n'était guère conscient du caractère exceptionnel de cette situation, il l'est aujourd'hui mais avec une profonde tristesse. Musiques de danses populaires, fêtes de mariage, chants d'amour, musiques modales et improvisations taksim se suivent et s'enchaînent parfaitement dans une diversité instrumentale et une unité thématique qui caractérisent parfaitement l'œuvre didactique passionnante de Deben Bhattacharya. On le suit dans ses périples, on l'écoute et le lit comme on aime écouter un conteur qui distille ce qu'il a vécu et rencontré.

du pan arabisme d'Oum Kalsoum[27] au travail ethnologique de Taos Amrouche sur la culture berbère[28].

Une mention particulière à la chanteuse Pomak (communauté musulmane du Nord de la Bulgarie) et à son jeu de luth. Cette voix, ce style vocal, ce jeu de cordes simple et terriblement efficace, cette vibration, soulignent extraordinairement les origines du soi-disant mystère des voix bulgares. Une musique paysanne magnifique comme une nuit de campagne vient clore un dur labeur. Le disque afghan se partage entre musiques nomades aux senteurs fortes, qui ondulent comme caravane au soleil et musique d'intérieur jouées notamment sur le luth rabab à la sonorité irrésistible. Les rythmiques sont superbes comme le sont les chants qui nous emballent jusqu'au plus profond de ces déserts lointains. Tous les enregistrements ont été effectués entre 1955 et 1970. » Étienne BOURS – RÉPERTOIRE.

27. 

Oum Kalsoum – L'astre d'Orient 1926-1937 (Frémeaux & Associés – Musée du Quai Branly).
Jamais aucun artiste n'aura autant incarné l'âme d'un peuple. La grande cantatrice égyptienne Oum Kalsoum surnommée l'Astre d'Orient, figure parmi les plus grandes chanteuses de tous les temps. Adulée de Rabat à Bagdad, égérie du tarab, elle fit beaucoup pour la modernisation de la musique populaire arabe. Jean-Baptiste Mersiol a rassemblé ici les premiers enregistrements de la diva, de 1926 à 1937. La productrice radiophonique Péroline Barbet-Adda nous rappelle dans le livret combien son talent inégalable, voire sacré et sa voix miraculeuse resteront à jamais l'écho intemporel de l'expression musicale du monde arabe et à l'avant-garde du féminisme oriental.

28. 

Les Chants de Taos Amrouche – Chants Berbères de Kabylie Intégrale (Frémeaux & Associés). Ce coffret réunit l'ensemble des enregistrements de Taos Amrouche parus à l'origine sur le label Arion. Il propose, en

Il y a aussi la crainte du monde arabe d'être déclassé loin de son héritage de l'Empire islamique[29], comme l'ont été les Grecs face à l'occident qui lui doit tout.

---

cinq CDs, une connaissance inégalée de la culture artistique et orale de fleurons méconnus du monde méditerranéen : les chants Berbères de Kabylie, ainsi que des chants espagnols archaïques.

29. 

Gabriel Martinez-Gros – Histoire de l'Empire islamique. Des conquêtes arabes à l'apogée et au rayonnement intellectuel de l'Empire islamique, jusqu'à son déclin (Frémeaux & Associés).
Comment appréhender le rayonnement d'un empire s'étendant sur neuf siècles, englobant diverses dynasties successives et de nombreux califats, dont les centres emblématiques furent Constantinople, Bagdad et Cordoue ? Comment comprendre ce qui fait civilisation et religion au sein de cet empire ? Gabriel Martinez-Gros, en collaboration avec les coéditions Frémeaux – Grande Mosquée de Paris, présente de manière synthétique l'histoire de cette grande civilisation, couvrant neuf siècles de conquêtes arabes, mettant en lumière les empires byzantin et perse.
Il explore la succession des dynasties telles que les Omeyyades et les Abbassides ainsi que l'ouverture aux influences culturelles perse et grecque, l'apogée de l'empire en l'an Mille, les croisades, Gengis Khan, les échanges intellectuels avec l'occident, et le XVIe siècle à travers l'empire ottoman. En se fondant sur les théories de l'historien médiéval Ibn Khaldoun, l'auteur analyse la naissance, l'apogée et le

Au travers d'une disparité en droit à l'égard des Palestiniens, c'est un sentiment d'inégalité qui est ressenti par toutes les populations issues du Maghreb[30].

Claude Colombini, dans la volonté encyclopédique de la librairie Sonore de Frémeaux & Associés, va entamer un travail de réhabilitation des cultures liées aux

---

déclin de cet empire qui a laissé un héritage considérable et remarquable dans les domaines scientifiques, philosophiques, artistiques et littéraires. Patrick Frémeaux & Claude de Colombini.

30. 

Raï – Chaoui – Staifi – Kabyle – Malouf – MAGHREB LYON – PLACE DU PONT PRODUCTION 1972-1998 (PÉROLINE BARBET POUR LE CMTRA – Frémeaux & Associés).

« Un coffret de trois CD et une exposition rappellent l'histoire des productions de la Place du Pont. Bertrand Dicale évoque ces trente ans de musiques nord-africaines produites et consommées en France. A Lyon, la place du Pont, au cœur du quartier de la Guillotière, s'appelle place Gabriel Péri depuis 1947. Mais pour beaucoup de gens habitant le quartier, c'est resté la place du Pont et c'est l'épicentre d'un phénomène musical mal connu de la plupart des Lyonnais eux-mêmes. Dans des petites boutiques et des arrière-salles de bistrot sont nés des labels – pas vraiment des maisons de disques, parce qu'ils éditaient surtout des cassettes audio – mais des producteurs de musique qui ont enregistré des milliers de chansons pendant des décennies. Et il sort ces jours-ci un coffret de 3 cd intitulé Maghreb-Lyon, place du Pont production, 1972-1998, un coffret qui raconte l'histoire de la musique créée et enregistrée par les immigrés d'Afrique du nord à Lyon pendant une trentaine d'années. Un passionnant coffret édité par Frémeaux & Associés. »

Par BERTRAND DICALE – FRANCE INFO

civilisations de l'islam des lumières pour rendre sa légitime fierté au monde arabe. Elle a d'ailleurs fait éditer des ouvrages de vulgarisation sur l'Histoire, la philosophie et les savoirs du monde musulman avec le soutien d'islamologue helléniste comme Youssef Seddik[31], d'historiens universitaires comme Edhem

31. 

Histoire du Coran (Collection l'islam des lumières) – UN COURS PARTICULIER DE YOUSSEF SEDDIK (Frémeaux & Associés).
Youssef Seddik, est agrégé de philosophie et docteur en anthropologie, spécialiste de la philosophie en pays d'islam. Il a consacré sa vie à l'étude des textes sacrés monothéistes et notamment à l'étude du Coran. Le Coran est le texte sacré de l'Islam. Pour près de deux milliards de musulmans, il constitue les fondements de la foi et guide leur spiritualité.
Il rassemble les paroles d'Allah au travers de la révélation faite au Prophète Muhammad. Dans un langage clair Youssef Seddik nous relate comment le Coran a été constitué, comment il s'est propagé dans le monde, quelles en sont les principales lectures et les différentes obédiences auxquelles elles ont donné lieu.
Cette analyse historique et scientifique offre aux musulmans comme aux non musulmans une clé de compréhension essentielle à l'histoire des civilisations.
Claude COLOMBINI FRÉMEAUX

Eldem[32], Gabriel Martinez-Gros[33], d'épistémologue

32. 

Histoire de l'Empire Ottoman – Depuis L'Anatolie du XIVe siècle, au début du XXe siècle – Edhem Eldem (Collection l'Islam des Lumières – Frémeaux & Associés – Grande Mosquée de Paris).
Edhem Eldem est professeur au département d'histoire de l'université de Boğaziçi à Istanbul, il a aussi enseigné à Berkeley, Harvard, Columbia, à l'EHESS, à l'EPHE, à l'ENS et a été titulaire de la chaire internationale d'histoire turque et ottomane au Collège de France.
Dans cette conférence, il retrace l'histoire de l'Empire ottoman depuis son apparition au XIVe siècle à sa chute au lendemain de la Première Guerre mondiale. Dès son émergence, cet empire est confronté aux défis de son gigantisme et de sa diversité ethnique et culturelle.
En se détachant des prismes de l'orientalisme et du nationalisme, l'auteur nous livre les clés essentielles pour comprendre la complexité de cet empire unique, mettant en lumière les dynamiques internes qui ont marqué son parcours à travers les siècles.
Claude COLOMBINI FRÉMEAUX

33. 

Histoire de L'Empire islamique – Un cours de Gabriel Martinez-Gros (Collection Frémeaux & Associés – Grande Mosquée de Paris).

comme Ahmed Djebbar[34], de scientifique comme Bruno Abd-al-Haqq Guiderdoni[35], ou de personnalité comme

34. 

Les Savants de l'islam (Collection Islam des Lumières) – UN COURS PARTICULIER DE AHMED DJEBBAR – (Frémeaux & Associés).
« L'éditeur de CD Frémeaux publie de précieux disques patrimoniaux, dans tous les domaines. Il vient de sortir un coffret de quatre CD, Les Savants de l'Islam, où Ahmed Djebbar – mathématicien et historien des sciences – dresse un passionnant panorama des activités scientifiques (maths, astronomie, chimie, médecine…) dans les pays musulmans, du VIIIe au XVe siècle. Une brillante réplique à tous ceux qui pourraient croire que l'Occident chrétien a toujours été à la pointe du savoir. » Par Antonio FISCHETTI – CHARLIE HEBDO.

35. 

Le créationnisme (Histoire du conflit des savoirs entre science et religion) Exposé et expliqué par Bruno Guiderdoni (Frémeaux & Associés – Grande Mosquée de Paris).
Peut-on être scientifique et croyant aujourd'hui ? Une réponse par l'affirmative à cette question semble une gageure à notre époque où science et religion entretiennent un rapport conflictuel entamé à l'époque moderne. Bruno Guiderdoni, astrophysicien de profession, directeur de l'Observatoire de Lyon et directeur de l'Institut des Hautes Études Islamiques relève le défi et propose d'engager un dialogue apaisé entre la science et les religions. Pour ce faire, il rappelle l'imbrication millénaire entre celles-ci, notamment dans le monde arabo-musulman où des savants comme Averroès et Algazel élaborèrent un rapport non contradictoire entre la vérité révélée du

Chems-Eddine Hafiz[36], Recteur de la grande Mosquée de Paris.

Enfin, car l'aspect religieux et spirituel ne peut être évité, une pensée pour le grand passeur qu'était Henry Corbin, (1903-1978) découvreur, traducteur et éditeur des grands philosophes et mystiques de l'islam, dont l'œuvre relie l'histoire de la pensée orientale et occidentale, qui nous rappelle les liens intellectuels entre les philosophies

---

Coran et les découvertes scientifiques. L'auteur nous fait découvrir les clés de ce dialogue fécond de réponses aux questions que nous pose aujourd'hui le rapport entre la science et la croyance.
Claude COLOMBINI FRÉMEAUX

36. 

Portraits de femmes remarquables – Les héroïnes de l'islam (Collection l'islam des lumières) Chems-Eddine Hafiz (Frémeaux & Associés – Grande Mosquée de Paris).
Dans cet ouvrage, Chems-eddine Hafiz, recteur de la Grande Mosquée de Paris, explore les parcours de femmes musulmanes exceptionnelles, dévoilant leurs rôles influents, souvent méconnus, au sein de l'histoire et de la culture de l'islam, depuis ses origines jusqu'à nos jours.
L'auteur nous présente ces héroïnes, qu'elles soient femmes de lettres, scientifiques, artistes, mystiques, figures de pouvoir ou encore guerrières, soulignant leur rôle essentiel dans la genèse et l'enrichissement de l'islam contemporain. Dans une éloquence claire, Chems-eddine Hafiz nous guide à la découverte des nombreuses et diverses contributions apportées aux arts, aux sciences, et à l'humanité tout entière par les femmes des mondes musulmans.
Claude COLOMBINI FRÉMEAUX

de l'Islam et ceux du judaïsme et du christianisme. L'œuvre d'Henry Corbin n'a jamais été aussi contemporaine dans la légitimité des ponts entre les grandes religions monothéistes et d'une manière générale entre les cultes et les savoirs, sans jamais renoncer à leurs singularités. Nous avons édité avec l'INA « La philosophie islamique »[37] d'Henry Corbin qui nous fait voyager intellectuellement de la Théologie d'Aristote jusqu'aux splendeurs de l'École d'Ispahan en passant par la théosophie ismaélienne.

La philosophie de Corbin relie les trois grandes religions du Livre, textes fondateurs autour de leur origine abrahamique dont le message doit être entendu « sans lequel l'homme n'est qu'un errant hébété ou un violent aveugle ».

Abraham est le personnage des écritures juives, considéré par la Genèse comme le principal patriarche des religions juive, chrétienne et musulmane.

---

37. 

La Philosophie Islamique – Henry Corbin – Entretiens sous la direction de Christine Goémé (Frémeaux & Associés – INA). Ce coffret présente pour la première fois des entretiens d'Henry Corbin (1903-1978) découvreur, traducteur et éditeur des grands philosophes et mystiques de l'islam.
En accord avec Daniel Gastambide (ayant-droit moral d'Henry Corbin), l'Institut National de l'Audiovisuel et Frémeaux & Associés sous la direction de Christine Goémé redonnent la parole au grand passeur qu'était Henry Corbin pour nous offrir une histoire de la pensée orientale et occidentale, qui nous rappelle les liens intellectuels entre les philosophies de l'Islam et ceux du Judaïsme et du Christianisme.

Dans la Bible, Abraham est un texte spécifique sur sa descendance, la légitimation de son territoire, les liens avec les peuples voisins. Il passe par les trois régions d'installation des juifs (Mésopotamie, Palestine, Égypte) à l'époque perse et hellénistique. Israël reste comptable et bénéficiaire de cet héritage.

Notre envie d'éditeur (culturellement abrahamique), est d'aider à ce que la justice se fasse, de lutter contre l'absurdité d'une situation où l'un des peuples les plus intellectuels de la Terre ne puisse pas réunir les conditions de son rêve, et ce dans le respect de la réalité de la géographie humaine où il se trouve.

Emmanuelle Morau connaît la Palestine où elle a voyagé à de nombreuses reprises. Correspondante pendant une dizaine d'années à l'étranger, elle a longtemps travaillé pour Courrier international, avant de rejoindre la rédaction de Jeune Afrique.

Elle a accepté l'enjeu de faire un ouvrage résumant en 200 pages une historiographie du territoire, une analyse technique permettant peut-être d'anticiper les options possibles. Que le courage d'aborder une question historique et éthique aussi complexe lui soit reconnu.

Patrick Frémeaux
L'éditeur

Sommaire

Prologue

Je ne suis ni universitaire ni spécialiste de la zone. Je n'ai pas gagné mes galons de grand reporter dans les éclats de l'Intifada mais l'histoire du frottement entre ces deux peuples que tout oppose mais que rien ne sépare me touche profondément. Elle dévoile des recoins de mon humanité et m'offre un terrain de pensée toujours renouvelé. J'ai beau me dire que tout a été essayé, que tout a été écrit et dit ; j'ai beau me dire que je tiens là ma cause perdue, quand je vais promener mon âme et mes pieds sur cette terre, mon cerveau est sollicité, mes sentiments affleurent, quelque chose me parle. Et je retrouve ma capacité à croire que la paix est possible. Parce que je ne crois pas que ni les Palestiniens, ni les Israéliens ne quitteront cette terre. Parce que je ne crois pas qu'après des années de laisser-faire, les Occidentaux accepteront d'en arriver là. Parce que je suis impatiente et curieuse de voir ce que les hommes inventeront après tant de sang versé et de haine vociférée.

J'ai la chance qu'on me donne la parole, qu'on m'offre un espace pour raconter la vision que j'ai de cette histoire, pourtant parcellaire et loin d'être universelle. Ce qui est universel en revanche, c'est le souci de contribuer à la connaissance afin de la mettre à disposition de qui voudra bien voyager sur cette terre.

En découvrant cette région, son histoire, ses multiples déclinaisons littéraires et cinématographiques, j'ai senti une envie d'y faire acte de présence, de me fondre dans le paysage, d'y occuper une place à hauteur d'hommes pour trouver la dimension sensible de ce sujet qui dépasse l'entendement et la raison plus souvent qu'à son tour. J'ai eu envie d'aller travailler avec les paysans palestiniens pour la cueillette des olives. Je savais que des associations participaient à cette activité, considérée comme une façon de venir témoigner de la situation quotidienne sur le terrain mais aussi, comme l'expression d'une solidarité et d'une protection de populations particulièrement visées pendant la récolte.

Ainsi j'ai assouvi mon besoin de faire, de voir et de regarder, d'entendre et d'écouter, pour museler les assignations relayées par tout ce qui est produit autour du conflit israélo-palestinien. J'ai vécu mes différents voyages en Israël et en Palestine de façon très intense, je me suis sentie impliquée, concernée et si ces lignes peuvent transmettre cet intérêt, elles auront fait leur office.

Introduction

Contrairement aux apparences et aux idées reçues, ici, rien ne peut être séparé. Les uns et les autres sont intimement imbriqués, selon des modalités que ce livre va étudier. D'aussi loin que la plupart des témoins encore en vie se souviennent, ces deux sont inévitablement joints. Israël, Palestine. Palestine, Israël. Comme une seule et même réalité faite d'aspirations similaires. Vivre sur une même terre. Rester chez soi. Trouver un territoire sécurisé. S'abriter des atrocités du monde et accéder à la maturité politique ultime : l'établissement d'un État. La chronologie distingue des étapes. L'histoire explique des moments. La géographie décrit un espace. Et pourtant, ces trois données tangibles se heurtent à une réalité qui les défie. Celle des cartes routières achetées à l'aéroport et qui donne à voir un seul et même territoire, à peine irisé de teintes différentes pour indiquer des zones particulières. Celle d'un GPS qui se tait soudain après un virage ou en bas d'une colline, comme rendu muet par un lieu indéfinissable. Pour s'informer de la météo du lendemain, on peut compter sur les cartes reproduites dans les journaux qui, eux aussi, ne donnent à voir qu'un seul et même pays, le climat ne se joue-t-il pas des frontières ? Ici, l'expérience de la confrontation de l'idée de l'endroit où l'on se trouve à sa réalité prend un sens particulier.

Rien de ce qui a pu être envisagé ne va se dévoiler conformément au plan mental qui préside à cette expérience unique.

C'est pourquoi il semble raisonnable de s'en tenir au territoire que l'on peut parcourir, observer, et qui ne va pas mentir. Ce que dit le voyage sur ces terres relève de la révélation, non pas divine comme elles en furent tant de fois le synonyme, mais bien humaine, dans sa dimension à la fois intellectuelle et politique, violente et décevante, révoltante et apaisante.

Difficile de débarquer sans *a priori*, cette chasse gardée des vérités toutes faites, de la malhonnêteté, de la croyance ou de l'idéologie. Mais encore plus difficile de repartir sans avouer que des lignes ont bougé. Que des points de vue sont apparus. Que des perspectives se sont dessinées. Et qu'on a été témoin de l'histoire en train de se faire, d'un acharnement à ne jamais renoncer. D'une résistance à toute épreuve. D'une vivacité de l'existence quand elle est à l'os et que l'étape suivante, si elle n'y prend garde, sera la disparition. Ici, le territoire détermine la survie et abrite des identités qui ne peuvent exister nulle part ailleurs.

Celle des juifs qui, dès la fin du XIXe siècle, arrivent pour fuir les persécutions en Russie, en Ukraine et en Europe et donner corps à une histoire que d'aucuns s'acharnent à précipiter le terme. Le sionisme se donne comme objectif de mettre les siens à l'abri, de faire fructifier des terres, puis de fonder un État qui les accueille d'où qu'ils viennent. De mettre, enfin, un point final à l'errance. Or la terre choisie n'est pas vide, ni inerte, ni inhabitée. Des autochtones, pour reprendre un terme colonial, habitent le territoire depuis toujours, changeant de noms et d'allégeances au gré des conquêtes incessantes motivées par cet aimant irrationnel qu'est la ville sainte de Jérusalem. Ici commence la conquête d'un territoire occupé ; l'affrontement entre deux nationalismes ; la confrontation entre deux peuples ; le défi de la construction d'un État. Territoire, peuple, nation, État : telle est la quadrature du cercle de ce conflit qui fait trembler le monde, tout en se jouant à huis clos, depuis soixante-dix-sept ans.

Afin d'en explorer les contours, il s'agira de parcourir ces 27 000 km^2 pour réfléchir à ce que la notion de territoire suppose, à ce qu'elle engendre, ce à quoi elle oblige. Un territoire est délimité, administré et protégé. Ces trois notions sont disputées depuis la création de l'État d'Israël, transformant la cohabitation entre Israéliens et Palestiniens en face-à-face sécuritaire plutôt qu'en partage politique d'une terre. Il s'agira de rappeler certaines des étapes de la construction de ce tête à tête mortifère, dans lequel le droit international a vainement essayé de s'imposer mais où il s'est heurté à sa vraie nature, une loi élaborée et pensée pour et par les dominants. Et où la sécurité l'a emporté sur la politique.

Avec une conscience aiguë de la production savante qui le précède, cet ouvrage a pour seule ambition de proposer une grille de lecture au plus près de la réalité, là où se taisent les prospectives hasardeuses, particulièrement en cette période où la violence a repris ses droits. Qui sait ce qui adviendra ? Il semble opportun de remettre le « je ne sais pas » au goût du jour. De suspendre les hypothèses.

Il est temps de prendre vraiment au sérieux la solution à deux États qui revient dans tous les discours dès qu'une crise éclate. Soit en décidant de l'appliquer, soit en reconnaissant qu'elle ne peut pas constituer une alternative sérieuse. Mais une fois pour toutes. Pour arrêter de regarder passer et grandir les générations dans le creuset de la méfiance. Cette solution ne doit plus servir à masquer le manque de courage, d'imagination et d'audace des diplomaties occidentales, sans parler des diplomaties arabes dont les dirigeants confondent souvent politique et opportunisme.

Chapitre 1

Première fois

La première chose qui saute aux yeux quand on arrive à Tel-Aviv par l'aéroport Ben Gourion, c'est l'illisibilité du territoire : ce qu'on voit se déployer le long de la route qui mène à Jérusalem ne dit pas la réalité du territoire. Les yeux ne sont pas suffisamment habitués pour comprendre l'appartenance des villages, la nationalité des bourgades, la raison du barrage sur la route, l'explication du check-point pour entrer dans une ville ou sortir de telle autre. Les panneaux en arabe, en hébreu et en anglais surgissent avec leurs mises en garde pour signaler des territoires interdits. Petit à petit, le regard se dessille, il distingue des plaques d'immatriculation différentes, des architectures répétitives mais séparées, des plis de terre plus tout à fait naturels et finalement, le rythme de la rupture s'impose. Le sentiment de quitter la tranquillité de la ligne droite s'insinue, la disruption fait son lit et va devenir une compagne de route. En cela, la cohérence est totale avec ce qu'on apporte dans ses bagages de connaissances historiques, bibliques, géographiques, informationnelles : on a tous quelque chose de cette terre dans son cerveau, une image, un mot, un lieu… Manque le cadre global qu'il est difficile d'imaginer avant d'y avoir posé le pied.

Il faudra intégrer les cassures de rythme pour expliquer : les cartes reproduites dans les guides au mieux sont incomplètes, au pire elles mentent. Aucune référence possible à un texte originel ou à une décision qui fasse foi pour tous. Chacun devient sa propre frontière selon qu'il habite une ville, un village, qu'il y est né ou pas, qu'il y travaille, qu'il puisse y entrer et en sortir. Le contrôle est partout, la terre suinte la surveillance. Ici plus qu'ailleurs, les constructions ne sont pas naturelles et semblent forcer le paysage pour s'y installer, pousser les murs, tordre les haies, casser les pentes naturelles, contredire les cours d'eau. La vie est réprimée, la nature le dit, trop de ruptures pour un si petit territoire.

27 000 km^2, sans compter la bande de Gaza (360 km^2 et 2,4 millions d'habitants), pour 9,7 millions d'Israéliens et 3,2 millions de Cisjordaniens. Ici, la démographie est un front en soi, et même la taille du territoire varie selon qu'on y inclut Gaza et les Territoires occupés. La minorité palestinienne d'Israël représente plus de 20 % de la population totale de l'État hébreu. Les Palestiniens citoyens d'Israël, qualifiés par les autorités d'« arabes israéliens » et de « Palestiniens de 1948 » par les Palestiniens eux-mêmes, bénéficient du droit de vote. Depuis l'annexion de Jérusalem-Est[1], Israël inclut les 360 000 Palestiniens de Jérusalem, qui n'ont pas la citoyenneté israélienne mais seulement un statut de résident. Cette population

1. Après la première guerre israélo-arabe, la ville est partagée en secteur est et ouest entre Israël et la Jordanie autour de la ligne d'armistice (ou ligne verte) définie le 3 avril 1949. Jérusalem-Est comprend la vieille ville qui regroupe les lieux saints des trois religions monothéistes. Cette partie de la ville sera administrée par la Jordanie jusqu'à la guerre des Six Jours de 1967 où elle sera annexée par Israël. Depuis, cette annexion est régulièrement condamnée par l'ONU qui, dans le plan de partage de 1947, avait envisagé Jérusalem comme un *corpus separatum*, soit un territoire international.

est issue des 140 000 Palestiniens qui n'ont pas été expulsés lors de la Nakba, la « catastrophe » en arabe, référence historique majeure de la Palestine d'après le mandat britannique, qui désigne le déplacement forcé de 800 000 Palestiniens à la création de l'État d'Israël en 1948[2]. Des villages entiers sont vidés de leurs habitants, s'ils ne sont pas entièrement détruits, et leurs occupants expédiés dans des camps de réfugiés au Liban, en Syrie, en Jordanie, en Cisjordanie et dans la bande de Gaza. La Nakba est un événement fondateur pour ces voisins arabes qui vont désormais considérer le nouvel arrivant comme une extension du colonialisme occidental dans la région.

Au fondement de l'État d'Israël, il y a la distinction entre la « nationalité » (juive, arabe, druze[3]) et la « citoyenneté » israélienne. Les Palestiniens d'Israël ne détiennent plus que 3 % des terres du territoire devenu israélien en 1948 alors que les Palestiniens en détenaient environ 70 % avant. Dès 1950, les autorités ont pris le contrôle des terres appartenant aux Palestiniens expulsés en utilisant l'ordonnance sur la « propriété des absents »

2. Le 14 mai 1948, David Ben Gourion proclame l'État d'Israël. Quelques mois plus tôt, le 29 novembre 1947, le plan de partage de la Palestine était présenté à l'ONU. La résolution 181 prévoyait alors la création d'un État juif sur 56 % du territoire de la Palestine mandataire, la création d'un État arabe sur 42 % du territoire de la Palestine mandataire (les arabes de Palestine représentaient alors 70 % de la population) et le placement de Jérusalem sous contrôle international. Elle fut votée par 33 voix contre 13, et 10 abstentions.

3. Les druzes sont les membres d'une secte religieuse de l'islam qu'on retrouve en Israël, au Liban ou en Syrie. En Israël, ils ont prêté allégeance à l'État, ce qui fait d'eux la seule minorité à effectuer le service militaire obligatoire.

qui veut que toute terre « vide » revienne à l'État d'Israël, ou en les déclarant « zones militaires fermées » pour y développer des communautés juives. C'est comme ça que tout a commencé.

Pour moi, tout a commencé avec une adresse où je dois me rendre dans un village de la banlieue nord de Hébron, Halhul, où habite l'ami chez qui je m'installe pour aller cueillir des olives. Je ne sais pas encore qu'il me faudra décrypter tout un alphabet avant d'arriver à bon port. Celui des plaques d'immatriculation d'abord : la plaque jaune et noire indique que le véhicule – et son propriétaire – peut rouler sur les routes israéliennes, ou mixtes (partagées avec les Palestiniens). Les voitures immatriculées en blanc et vert ne pourront pas sortir du réseau routier palestinien. Encore faut-il savoir si, de l'aéroport de Tel-Aviv, on peut rejoindre la Cisjordanie en n'empruntant que des routes palestiniennes. La raison, si ce n'est l'intuition, impose une réponse négative. Autant s'en remettre au chauffeur local, rompu aux usages du partage. Le sherout, transport collectif entre le bus et le taxi, s'impose comme la solution de survie. Une fois compris qu'il ne part qu'une fois plein et que le chauffeur nous dira sans ambages qu'il ne dessert pas tel ou tel endroit, je peux m'installer dans le minuscule habitacle, ce jour-là encombré de palmes ! La cueillette des olives tombe au même moment que la fête juive de Souccot[4] qui veut que les fidèles se munissent de feuilles de palmier pour

4. Ou fête des cabanes qui célèbre l'assistance divine reçue par les enfants d'Israël pendant l'Exode. Le rite prescrit de prendre les repas dans une cabane (soucca) pendant les sept jours que dure la fête. Et de se munir des espèces végétales qui représentent le peuple d'Israël : le saule, le myrte, le cédrat et la palme de dattier.

prier. Je rejoins Jérusalem d'où je vais pouvoir entrer en Cisjordanie, la partie est de la capitale étant reliée par des bus spéciaux aux localités de ce territoire occupé par Israël depuis 1967. West Bank en anglais, Judée-Samarie[5] dans la bouche des colons qui emploient le terme biblique, la Cisjordanie est un territoire morcelé, découpé, « une peau de léopard », selon le terme consacré par la plupart des géographes. Que décrit-il ?

Un territoire de près de 6 000 km² où vivent quelque 3 200 000 Palestiniens. Après la guerre des Six Jours[6], Israël va occuper la bande de Gaza, la Cisjordanie, Jérusalem-Est ainsi que le Golan syrien et le Sinaï égyptien. Dès la fin des combats, la colonisation commence sur ces nouvelles terres qui seront petit à petit grignotées. Les implantations vont être reliées entre elles, et desservies par des routes empruntées par des transports en commun… Ou bien elles s'étendront tant et plus qu'elles deviendront des villes autonomes dont il ne sera plus nécessaire de sortir. L'organisation du territoire va s'adapter à une logique de défense et d'exclusivité, plutôt que de développement synchronisé avec la terre où

5. La Judée et la Samarie sont les noms bibliques de ces territoires situées à l'ouest du fleuve Jourdain. West Bank, en anglais, signifie la rive occidentale. En français, le préfixe « cis » de Cisjordanie désigne un territoire situé « en deçà » du fleuve en opposition au préfixe « trans » de Transjordanie signifiant « au-delà » du fleuve. La Cisjordanie désigne aujourd'hui les Territoires occupés, et la Transjordanie est devenue la Jordanie en 1946.

6. Le 5 juin 1967, l'armée israélienne lance une opération contre l'Égypte et détruit son aviation au sol. Cette offensive de quelques heures permettra aux forces de l'État hébreu d'occuper le Sinaï, la bande de Gaza, la Cisjordanie (alors territoire jordanien) et le plateau syrien du Golan.

elle se déploie. Alors que la résolution 242 de l'ONU de novembre 1967 établissait le principe de « la paix contre les territoires » pour contraindre Israël à se retirer des territoires occupés après la guerre de cette même année, c'est tout l'inverse qui va se produire. Pendant près de vingt ans, le grignotage va être constant et méthodique pour fixer les territoires conquis. Méthodique parce que dès la première guerre contre Israël déclenchée par les armées arabes en 1948, les conséquences sur les Palestiniens vont se dérouler selon un plan bien établi, à commencer par l'expulsion de 800 000 arabes de plusieurs centaines de villages et localités qui vont devenir des réfugiés, les Palestiniens de 48. À ce moment de l'histoire, les sionistes qui président au destin du jeune État, David Ben Gourion[7] en tête, pensent encore que les voisins arabes vont accueillir ces populations. La plupart des expulsés de la Nakba iront habiter à Gaza (dont la population se compose à près de 70 % de réfugiés) ou dans les pays voisins (Jordanie, Liban et Syrie qui abritent les plus grands camps de réfugiés palestiniens) ou enfin en Israël pour 140 000 d'entre eux qui deviendront ceux qu'on appelle aujourd'hui les arabes israéliens, et dans des villes dites mixtes. Mais ce sera une installation toujours considérée comme temporaire, avec un accès limité aux droits et aux commodités de l'État hébreu.

Les transferts de population ne datent pas de 1967. Dès la fin du XIXe siècle, avec la naissance du projet

7. David Ben Gourion, né en Pologne, émigre en Palestine en 1906. Sioniste convaincu, politicien pragmatique, il n'aura de cesse de bâtir l'État d'Israël. Fondateur de ce qui deviendra le Parti travailliste, il dirigera aussi l'Agence juive. Chef du premier gouvernement israélien après le 15 mai 1948, il restera à ce poste jusqu'en 1963.

sioniste, des bateaux sont régulièrement envoyés vers la Palestine, avec à leur bord des juifs d'Europe menacés par les pogroms et la relégation sociale. Pour reprendre les termes de l'enseignant et chercheur en histoire contemporaine Thomas Vescovi[8], « le sionisme est un colonialisme dans le sens où il propose aux populations juives une libération de l'antisémitisme et cette libération, elle ne peut se faire que par le biais d'un colonialisme. Pour une raison pratique évidente : il projette d'installer sur un territoire majoritairement peuplé de non-juifs un pays pour les juifs. À partir de là, une telle installation ne peut se faire que par le déplacement des populations ».

La méthode d'expropriation suit un schéma bien huilé, même si ses motifs (zone militaire…) et les populations visées (colonisation économique, religieuse) diffèrent. Le long de la ligne verte[9] qui délimite les territoires conquis par Israël en 1967 (et la naissance des Territoires occupés), des terrains vont être identifiés par l'État hébreu et réquisitionnés pour installer des villes et des villages. Tout commence par l'apparition d'un avant-poste, une dénomination qui dit bien la visée invasive du procédé ; une caravane, un mobile home, un préfabriqué est déposé, souvent nuitamment,

8. Thomas Vescovi, *L'échec d'une utopie – Une histoire des gauches en Israël*, La Découverte, 2021.

9. La ligne verte est le nom courant donné à la ligne d'armistice conclu en 1949 après la guerre israélo-arabe de 1948. Son tracé étend la superficie de l'État d'Israël par rapport à celle qui lui est dévolue par le plan de partage de l'ONU. Elle est appelée ligne verte en raison de la couleur avec laquelle elle fut tracée sur les cartes annexées aux accords d'armistice, le vert étant utilisé depuis la fin du XIXe siècle pour indiquer les futures frontières.

sur une colline ou le long d'un champ d'oliviers. Très peu de temps après, le raccord à l'eau et à l'électricité est effectué, sous bonne garde des soldats, très nombreux dans les collines de Cisjordanie. Leur présence découle d'un système de contrôle permanent et d'une politique d'endiguement des populations dont les colons sont des éléments essentiels. Plus ou moins religieux, ils sont ceux qui « votent avec leurs pieds », en s'installant sur une terre dont ils n'envisagent pas le partage. En Israël, il existe un lien particulier entre l'armée et les colons, notamment documenté par l'organisation juive *Breaking the Silence*. Fondée par des vétérans de l'armée israélienne (dont le nom officiel, Tsahal, est un acronyme hébreu qui veut dire forces de défense), elle a pour objectif de rassembler des témoignages d'anciens soldats ayant servi dans les Territoires occupés et dans la bande de Gaza depuis l'Intifada[10]. Dans un de ses rapports récents intitulé *On duty* (En service), l'ONG explique l'imbrication entre les forces armées et les colons dans les collines de Cisjordanie. Motivations idéologiques, objectifs stratégiques : les vétérans décrivent un système de harcèlement permanent dont ils sont au mieux les témoins, au pire les complices. Pour expliquer ce positionnement suspect, *Breaking the Silence* évoque la différence de traitement

10. « Soulèvement » en arabe, l'Intifada est aussi appelée guerre des pierres. Elle désigne un mouvement populaire de protestation contre l'administration et l'armée israéliennes, soutenu par l'OLP. Victimes de la colonisation galopante et de conditions de vie précaires, les Palestiniens vont alors essuyer une répression féroce. L'Intifada va remettre la question palestinienne à l'agenda international et mener à la conférence de Madrid en 1991, prémices des négociations de paix qui mèneront aux accords d'Oslo en 1993.

sécuritaire entre la population israélienne (et donc les colons, même s'ils vivent dans des implantations déclarées illégales par le droit international) et la population palestinienne dont le maintien de l'ordre relève d'une justice militaire d'exception. « Ainsi, lors d'affrontements ou d'incidents en Cisjordanie, l'armée est la première mobilisée sur les lieux et privilégierait, systématiquement, le refoulement des Palestiniens sur qui elle a une emprise concrète plutôt que des colons qui savent qu'en l'absence de policiers israéliens, ils ne risquent aucune interpellation », explique Nir Avishai Cohen, ancien porte-parole de *Breaking the Silence* et ex-membre d'une unité combattante de l'armée, à la revue en ligne Orient XXI. C'est pourquoi, dans la procédure d'installation des premiers bâtis de la colonie, l'armée joue un rôle de protection des citoyens israéliens, considérée comme sa mission première. Une procédure d'enregistrement sera alors engagée pour que la colonie soit officiellement reconnue par l'État.

Pour peupler les colonies, Tel-Aviv utilise des arguments économiques, profitant de la crise du logement dans les grandes villes israéliennes pour inciter les jeunes couples de la classe moyenne, et les nouveaux migrants juifs, à accéder à la propriété dans des conditions de sécurité élevées. Des facilités de paiement et d'emprunt seront débloquées, et c'est ainsi que l'avant-poste grandit. En s'étendant, les colonies peuvent aussi se rejoindre, créant des agglomérations entièrement coupées du reste du territoire, protégées par le mur et des barrières de sécurité internes. Les localités sont reliées entre elles par des routes interdites aux Palestiniens, la circulation au-dehors est souvent protégée par l'armée, surtout quand les routes israéliennes croisent les routes palestiniennes et que le réseau devient, pour quelques kilomètres, mixte. Ces nœuds routiers sont souvent le théâtre d'affrontements violents, comme on l'a vu en 2015, pendant cette série d'attaques qui visaient des individus juifs isolés, notamment dans des arrêts de bus pris pour cible par des voitures-béliers. Aujourd'hui, ces endroits très fréquentés par les soldats qui se déplacent beaucoup dans le pays sont protégés par des parpaings de protection souvent installés par des ouvriers… palestiniens. Cette situation illustre toute l'absurdité de la situation : 110 000 Palestiniens bénéficient d'un permis de travail en Israël, sont payés en shekels[11] et présents dans des zones non mixtes grâce au système des check-points…

D'autres colonies sont, elles, créées et investies par des colons religieux, selon un plan dicté par le Tout-Puissant plutôt que par le gouvernement. Mouvement très actif, dynamique et de plus en plus radical, il se donne comme devoir d'accomplir une mission qui se résume à occuper Eretz Israël, le nom biblique de la terre d'Israël utilisé par les colons et les communautés religieuses.

11. Le shekel est la monnaie nationale de l'État d'Israël. Il est aussi en circulation dans les Territoires occupés palestiniens.

12. Le mur de séparation près de Bethléem. Photo : Lucille Saillant, 2018.

Chapitre 2

Grignotage

Dans le paysage, les colonies sont la partie visible de la politique de harcèlement subie par les Palestiniens : généralement installées au sommet des collines, elles ressemblent à des grappes de maisons accrochées le long des pentes. Souvent reconnaissables à leurs toits rouges quand les villages palestiniens sont faits de constructions rectangulaires aux toits plats, les colonies défient le site naturel où elles sont installées, et incarnent la présence sioniste en terre israélienne. Avec les nouveaux territoires saisis dès la fin de la guerre de 67, l'espace occupé par les Palestiniens rétrécit, et la relégation se fait de plus en plus concrète. Dans la vielle ville de Jérusalem, le quartier maghrébin construit en contrebas de l'esplanade des Mosquées, en lieu et place de ce qui est aujourd'hui le mur Occidental (ou mur des Lamentations), est détruit en une nuit. Dans son livre[1] consacré à cet événement, l'historien français Vincent Lemire cite une note officielle rédigée le 9 juin 1967 par une diplomate israélienne dénommée Yael Vered : « Notre volonté de conserver Jérusalem entre nos mains requiert les actions suivantes. [...] Tous les bâtiments ajoutés récemment dans la zone du Mur seront démolis afin que le Mur retrouve son aspect d'origine. Ce sera le cas

---

1. Vincent Lemire, *Au pied du mur – Vie et mort du quartier maghrébin de Jérusalem (1187-1967)*, Seuil, 2022.

de tous les bâtiments arabes construits depuis le milieu du XXe siècle par les arabes autour du Mur dans le but de réduire l'espace situé autour du lieu le plus saint du judaïsme mondial. »

En 1987 éclate à Gaza et en Cisjordanie la première Intifada : après vingt ans de grignotage constant du territoire palestinien, la population est poussée hors de chez elle, isolée de l'intérieur, coupée de sa base, de son travail, de ses revenus. Les frontières s'érigent à l'intérieur du territoire qui lui est assigné. L'occupation s'incarne de plus en plus concrètement : les paysans voient leurs champs rétrécir, le travail est confisqué, l'horizon se bouche petit à petit, une route au bout d'une plantation d'oliviers, un mur au milieu de la rue d'un marché. Cette contrainte territoriale va façonner l'évolution politique de l'Organisation de libération de la Palestine (OLP). Créée en mai 1964, dirigée par Yasser Arafat depuis février 1969 et reconnue comme « seul représentant du peuple palestinien » depuis le sommet arabe d'Alger de novembre 1973, l'OLP est composée des trois principaux partis politiques palestiniens : le Fatah (acronyme arabe de Mouvement national de libération de la Palestine, qui signifie aussi « conquête ») de Yasser Arafat ; le Front populaire de libération de la Palestine (FPLP) de Georges Habache ; et le Front démocratique pour la libération de la Palestine (FDLP) de Nayef Hawatmeh. En Jordanie, qui accueille le plus grand nombre de réfugiés palestiniens au monde, les membres de l'OLP et ses combattants menacent l'équilibre du royaume hachémite. En septembre 1970, le roi Hussein décide de déloger les fedayin – mot arabe pour désigner les combattants palestiniens du mouvement de libération nationale – par la force, et envoie l'armée mater les aspirations expansionnistes des Palestiniens. Des affrontements sanglants vont durer deux années, avant que la direction de l'OLP ne soit expulsée vers le Liban. À cette époque, la lutte armée et le terrorisme international constituent les principaux moyens de revendication du nationalisme palestinien. Mais les exils forcés, l'interdiction de territoire infligée aux représentants palestiniens et la colonisation rampante du territoire va faire évoluer les positions de l'OLP vers l'idée de la construction d'un État et donc, de la négociation politique.

Deux événements vont précipiter la réflexion sur le bien-fondé de la poursuite de l'option militaire pour libérer le territoire de la Palestine historique : la prise d'otages au Jeux olympiques de Munich en 1972, et la défaite de la guerre du Kippour en 1973. Deux ans après le début de l'écrasement de la résistance palestinienne en Jordanie en septembre 1970, le mouvement éponyme Septembre noir va mener une opération commando dans la capitale bavaroise où sont organisés les Jeux olympiques d'été. Les terroristes palestiniens vont tuer deux membres de la délégation israélienne et en prendre neuf en otage afin d'obtenir la libération de militants palestiniens détenus en Israël. Le dénouement tragique de ce 5 septembre 1972 aura lieu sur la base aérienne de Fürstenfeldbruck – au nord-ouest de Munich – avec l'assaut confus de la police allemande dans lequel les otages israéliens, cinq membres du commando et un policier ouest-allemand perdront la vie. Les représailles israéliennes seront redoutables, le Mossad[2] traquant sans relâche des responsables de l'OLP et autres commanditaires présumés de l'opération. En

2. Le Mossad est un mot hébreu qui signifie « institut », employé pour désigner l'Institut pour les renseignements et les affaires spéciales d'Israël. Chargé du renseignement extérieur et des opérations spéciales, il est l'un des trois grands services de l'État hébreu avec le Shin Beth (renseignement intérieur) et l'Aman (renseignement militaire).

octobre 1973, l'offensive des armées syrienne et égyptienne pour reprendre les territoires occupés depuis 1967 échoue. Au sommet d'Alger organisé en novembre de la même année, l'Organisation de libération de la Palestine est reconnue comme « seul représentant du peuple palestinien. »

« Durant cette période, l'OLP est animée d'immenses débats stratégiques qui se polarisent autour de deux camps : ceux qui poussent pour la libération totale du territoire, soit la Palestine mandataire. Et ceux, principalement les Palestiniens de 1967, qui disent qu'un gouvernement représenté par une autorité indépendante doit être établi sur toute partie libérée du territoire », explique Xavier Guignard, enseignant-chercheur spécialiste du Moyen-Orient. « Yasser Arafat trouve un compromis en expliquant qu'il faut avancer par étapes : dès qu'on libère quelque chose, on crée une autorité. Sans perdre de vue l'objectif final qui est la libération totale du territoire. Le débat sur le bon équilibre à trouver entre territoire et État est très ancien chez les Palestiniens. Le grand poète palestinien Mahmoud Darwich parle de la conscience commune du territoire imaginé qui correspond à celui de toute la Palestine, plus celui de la patrie. C'est sur une portion plus ou moins grande de cette patrie que va se projeter la question de l'État », explique le chercheur. Le territoire comme projection est un élément essentiel du monde palestinien qui évolue hors de la terre originelle, et notamment dans les camps où se retrouvent les familles chassées de leurs maisons et de leurs villages depuis la Nakba.

Parallèlement à cette évolution interne, les représentants palestiniens vont de nouveau être expulsés du Liban – où ils s'étaient installés après le Septembre noir jordanien – par l'opération Paix en Galilée de 1982. Israël lance une offensive pour les chasser vers le nord, mais aussi pour bouter la Syrie hors du Liban, et favoriser l'accession à la présidence libanaise de Bachir Gémayel. La percée de l'armée israélienne est fulgurante et provoque l'évacuation de l'OLP et de ses combattants en août 1982, quelques semaines avant les massacres des camps palestiniens de Sabra et Chatila perpétrés par les milices chrétiennes sous le regard de l'armée israélienne.

Yasser Arafat trouve alors refuge à Tunis où il vivra en exil jusqu'à son retour à Gaza, en 1994. Parce que tout symbole de la Palestine qu'il est, Abou Ammar – de son nom de guerre – n'a pas vécu sur cette terre dont il devient le défenseur « de loin », grâce à son père qui est né à Gaza. Il sera élevé au Caire et commencera sa vie professionnelle au Koweït. Il fonde le Fatah en 1958 et dès 1965 ouvre des bureaux dans les pays arabes, essaime la cause dans les capitales amies, lève des fonds et établit des bases, notamment dans les camps de réfugiés. Quand le géographe Khalil Tafakji raconte sa mission au sein de la délégation palestinienne, il décrit un chef qui ne connaît pas la terre sur laquelle il vient de prendre ses droits. Chargé de cartographier la colonisation, il est convoqué par Arafat à Jéricho, en 1995, soit deux ans après la signature des accords d'Oslo : « Trois heures durant, je racontai les réalités de la colonisation israélienne, diffusant sur un écran les cartes que j'avais dessinées au cours des dix années passées. L'atmosphère était grave. Elle s'alourdirait d'un cran lorsque, pour conclure, je dirais à Yasser Arafat qu'il n'y avait pas d'État palestinien. Qu'il n'avait pas d'État. Qu'il n'avait rien. [...] J'avais depuis longtemps, et je dois dire au centimètre près, saisi l'urgence de la situation à laquelle nous étions confrontés.

Compris qu'Israël ne souhaitait pas la création d'un État palestinien […] qui ne serait pas ici, pas sur ces terres. Pas maintenant. » Devant le constat circonstancié du géographe, le leader de l'OLP s'agaça, choqué[3].

Mais revenons à ces années 80 , creuset de véritables évolutions politiques au sein des instances palestiniennes parmi lesquelles, celle de la reconnaissance de l'État d'Israël fait son chemin. Il n'en reste pas moins que la campagne internationale d'actes terroristes marginalise un peu plus la direction de l'OLP. L'opération Septembre noir menée par l'armée jordanienne, et l'opération Paix en Galilée par l'armée libanaise scellent une fois pour toutes la fin de l'unité arabe et le désengagement des capitales voisines du sort de leurs voisins palestiniens. Autant de signes extérieurs qui, ajoutés à la colonisation rampante à l'intérieur, vont mener à la première Intifada.

Ce soulèvement spontané de la population palestinienne ramène la révolte sur le territoire palestinien, à défaut d'y avoir des instances représentatives. Et va activer les négociations de paix fondées sur les résolutions de l'ONU. En 1988, l'OLP proclame l'État de Palestine, condamne le terrorisme et reconnaît les résolutions 181 & 242. La résolution 181 est la résolution fondatrice, celle qui grave dans le marbre du droit international le plan de partage de la Palestine en 1947 qui prévoit un État juif, un État arabe et une zone « sous régime international particulier » autour de Jérusalem. La résolution 242, dite « paix contre les territoires », date de 1967 et fait du droit à l'existence et à la sécurité d'Israël, et « du retrait

3. Khalil Tafakji, *31° Nord 35° Est – Chroniques géographiques de la colonisation israélienne*, La Découverte, 2020.

des forces armées des territoires occupés », les conditions d'une paix durable.

Les négociations de paix qui vont s'ouvrir, d'abord secrètement, se fondent aussi sur la résolution 338, adoptée à la fin de la guerre du Kippour de 1973, et qui rappelle « aux parties mises en cause de commencer immédiatement après le cessez-le-feu l'application de la résolution 242 ». Il est aussi prévu « que des négociations commenceront entre les parties en cause sous les auspices appropriés en vue d'instaurer une paix juste et durable au Moyen-Orient ». Écrit comme ça, il est incontestable que les discussions commencent sur de bonnes bases. Et pourtant, ce que le droit international n'aborde pas et ce dont se rendent compte les Israéliens au fil du temps, c'est qu'il faut gérer les populations des territoires occupés, les administrer. Là où la communauté internationale s'attend à la création d'un État palestinien, les Israéliens vont répondre « autorité autonome ». Ce qui devient évident à Oslo, c'est que les Israéliens n'ont pas envie de se séparer des Palestiniens parce que, qui dit séparation dit création d'un État palestinien, ce qu'ils n'envisagent pas. « Sauf que la communauté internationale attend un État, rappelle Thomas Vescovi. Israël doit bien trouver quelque chose à lui répondre, et met alors en place un calendrier au terme duquel, on verra ce qu'on fera pour les Palestiniens. À la fin du processus d'Oslo, on a un système d'autorité autonome et de découpage par zones : ce système a été expliqué à la population israélienne et à l'Occident comme un processus de séparation (eux chez eux, nous chez nous), qui verra advenir l'État de Palestine. » Avec les accords d'Oslo, il devient évident qu'« Israël n'a aucune volonté de se séparer. Il veut juste gérer des populations dans des zones délimitées selon un système d'administration voulu par l'État hébreu, sous la gestion de l'Autorité palestinienne. Dans les autres zones, si des Palestiniens veulent venir travailler en Israël, ils pourront le faire selon des conditions énoncées par Israël », explique l'enseignant. Le système de zonage né de ces négociations, qui a pu apparaître comme une organisation de la séparation de deux populations, a en fait instauré « un système de filtrage[4] ».

4. Cette expression apparaît dans l'ouvrage collectif *Israël/Palestine, l'illusion de la séparation*, sous la direction de Stéphanie Latte Abdallah et Cédric Parizot, Presses universitaires de Provence, 2019.

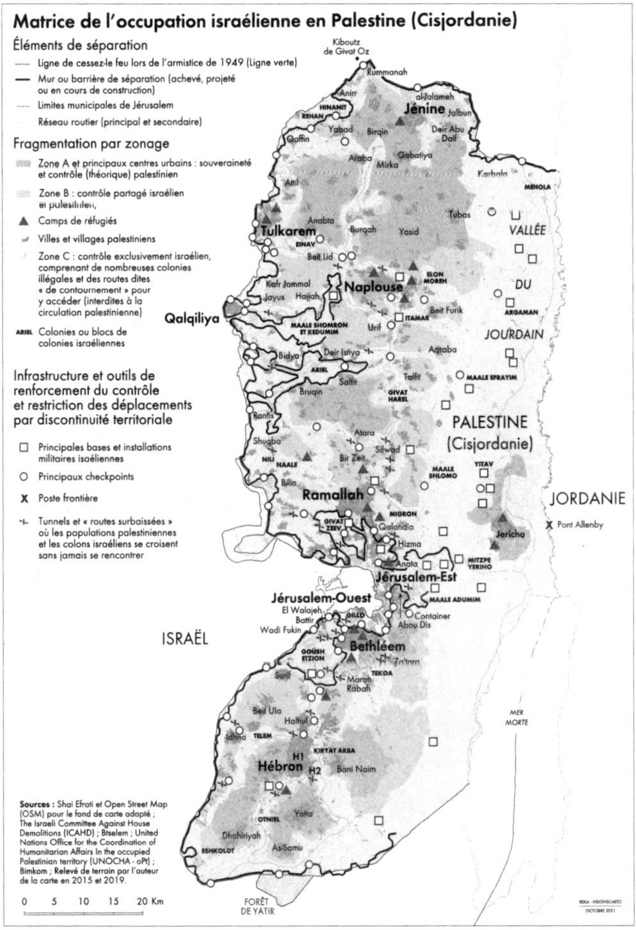

Carte matrice de l'occupation israélienne en Cisjordanie[5]

5. Processus de morcellement en Cisjordanie. Cartographie : Philippe Rekacewicz, 2023.

Chapitre 3

Zonage

À l'issue d'un de mes séjours, je dois rejoindre l'aéroport, soit une petite soixantaine de kilomètres à parcourir. Il me faut trouver un taxi pour me déposer à la sortie du village palestinien où je loge, au bout d'une route qui débouche sur la grande nationale principale. Le chauffeur ne peut pas aller plus loin à cause de sa plaque d'immatriculation blanche et verte. Je dois descendre à pied jusqu'à un arrêt de bus israélien protégé par des blocs de béton, et où stationnent quelques soldats. Voyant l'endroit d'où je viens, ils me demandent si tout va bien, si j'ai besoin d'aide, si je sais où je vais. Je vais désormais rouler sur une route israélienne à usage non mixte, et devoir contourner Jérusalem qu'on ne peut plus traverser sans passer par un check-point, où devront descendre les Palestiniens pour un contrôle d'identité qui consiste à vérifier le statut de la personne, lequel détermine si elle a le droit d'être là où elle est. En regardant à travers la vitre les Palestiniens se mettre à la queue leu leu, mécaniquement, comme un geste ancestral inscrit dans leurs gènes, je me demande ce qu'un enfant peut concevoir de l'endroit où il habite. À quel moment sait-il ? À quel moment comprend-il que cette barrière qu'il franchit tous les matins pour aller à l'école n'est pas une évidence ? Que le check-point où son père attend tous les jours plusieurs heures avant de pouvoir aller travailler n'existe pas dans la vie des autres pères ? Surtout, le jour où il réalise que sa vie va être délimitée par ce qu'il est, qu'il risque de se heurter aux alternatives que sont l'exil, la lutte armée, la résistance populaire ? Et que s'il choisit autre chose, trouvera-t-il quelqu'un pour soutenir cette nouvelle option au point de la rendre possible ?

Cette contrainte territoriale a été créée par les accords d'Oslo. Quand Itzhak Rabin et Yasser Arafat les signent, ils donnent naissance à une nouvelle organisation administrative des Territoires occupés : futur État palestinien, fait-on croire aux Palestiniens. Séparation protectrice, promet-on aux Israéliens. Pour ce faire, le territoire va être découpé en zones où l'autorité va être déléguée à la puissance occupée, à la puissance occupante ou partagée entre les deux. Le zonage transforme le territoire en une succession de goulets d'étranglement. L'Autorité palestinienne (AP) administre les zones A (18 % du territoire) et B (21 % du territoire), Israël administre la zone C, soit 61 % où sont construites les colonies. En ce qui concerne la sécurité, la zone A est contrôlée l'AP, et les zones B et C par Israël.

Au-delà du zonage et de la création, temporaire, d'une Autorité palestinienne, des accords sécuritaires seront signés dans la foulée au Caire en 1994 (appelés les accords d'Oslo I, ils officialisent la succession d'étapes intermédiaires). Ils prévoient que l'Autorité palestinienne agisse contre le terrorisme et la violence dirigés contre Israël et les colonies. Une étape supplémentaire dans la participation de l'administration palestinienne au contrôle de sa propre population, notamment à travers l'échange d'informations – souvent à sens unique – et l'organisation d'opérations conjointes – qui nourrissent le ressentiment des populations palestiniennes envers une autorité censée travailler à la construction d'un État. Dès les premières négociations, et *a fortiori* dès la mise en place de ce système, un front du refus d'Oslo se forme chez les Palestiniens constitué du FPLP, du Hamas et du Jihad islamique. Le découpage territorial est aussi une façon de compromettre la – déjà introuvable – unité entre les factions palestiniennes. L'interruption du territoire conditionne les communications, empêche les allers et retours, isole des villes, « léopardise » et créée des « bantoustans » pour employer un vocabulaire propre au découpage. En isolant la bande de Gaza de la Cisjordanie, il devient très difficile d'assurer la survie politique d'une idée dont l'occupant à décider qu'elle ne se concrétiserait jamais. Lequel connait parfaitement les dissensions entre les projets politiques des différentes factions palestiniennes, pétries dans un système politique clanique et familial, structuré autour de la *hamoula* « qui désigne la famille élargie, en ce qu'elle inclut différentes familles nucléaires, rassemblées sous le patronage mythique d'un ancêtre tutélaire et l'autorité réelle d'une figure patriarcale, désignée pour son ancienneté et son prestige, mais aussi pour sa capacité à défendre les intérêts du groupe[1] ».

Ce zonage a non seulement divisé la terre sans séparer les populations – dans aucune zone désignée une des deux forces en présence n'est seule à assurer la sécurité et/ou l'administration des individus qui y vivent – mais il a aussi désigné des entités impossibles à administrer, notamment parce qu'il découle d'un accord qui n'est pas reconnu par tous les acteurs en présence. Enfin, la sécurité ne relève que du seul État hébreu, qui garde ses prérogatives de puissance occupante en ne déléguant la sécurité que de quelques zones à des supplétifs choisis par lui. Le zonage du territoire est une étape supplémentaire dans l'entreprise de sape qu'Israël a entreprise depuis 1967 pour éviter la naissance d'un État palestinien. Et ce ne sera pas le seul instrument de la mainmise israélienne.

1. Jean-Pierre Filiu, *Comment la Palestine fut perdue et pourquoi Israël n'a pas gagné*, Seuil, 2024.

Carte des zones industrielles rattachées aux colonies[2]

2. Les zones industrielles rattachées aux colonies. Cartographie : Philippe Rekacewicz, 2021.

Chapitre 4

Le mur

Défigurée par le mur, envahie par les Russes dans le quartier Vladimir Poutine, starisée par Banksy[1], sanctifiée par la grotte de la Nativité… Bethléem est tout cela à la fois. Je m'attendais à trouver un endroit beaucoup plus pacifié, comme touché par la grâce – avec mauvais jeu de mots – quelque chose de cet ordre. Quand on vient de la rigoriste Hébron, qu'on travaille aux champs en suivant les horaires du soleil, on se réjouit de la soirée promise à Bethléem, sachant que notre guide connaît les meilleures adresses et que, parce qu'on ne sera plus en terre musulmane, on va pouvoir goûter une bière Taybeh, du nom de ce village chrétien qui possède la seule brasserie de Palestine. Tout est vrai, tout est là : les chapelets d'autobus touristiques, les boutiques en pagaille, le souk bien achalandé, les belles terrasses autour du complexe de l'église de la Nativité. Une certaine légèreté chatouille les narines et détend les nerfs. On se prend à flâner comme n'importe quel touriste en vacances, la vue est dégagée, les vendeurs de babioles racolent gentiment, on achète des souvenirs, presque

1. Banksy est le pseudonyme d'un artiste de rue britannique que personne ne connaît. Il utilise la technique du pochoir pour créer des œuvres politiques, souvent poétiques, certaines d'entre elles étant devenues des sortes de slogans comme celles qu'il a peintes sur le mur de séparation en Palestine.

soulagé de vivre un moment normal. C'est oublier un peu vite qu'on est à 10 kilomètres seulement de Jérusalem, et que le mur qui passe au sud de la ville sainte enserre Bethléem en longeant le camp d'Aïda et ses 5 000 habitants. Il serpente dans la ville en formant une espèce de double U, afin de s'assurer que le site sacré de la tombe de Rachel reste du côté israélien. Ici, il mesure 9 mètres de haut, rase les maisons, témoigne parfois de heurts violents avec ses miradors brûlés et ses détritus accumulés au pied des postes de garde… Mais le mur est aussi devenu curiosité touristique, notamment grâce à l'artiste de rue britannique Banksy, et à tous ceux qui y ont écrit leur révolte à coups de slogans ou de visages disparus. Dès sa première visite en Cisjordanie en 2003, Banksy a commencé à graffer sur cette surface idéale pour la peinture… mais aussi pour l'explosion de sa renommée assurée par une colombe au gilet pare-balles ou une petite fille fouillant un soldat lourdement armé (pour ne citer que quelques-unes de ses très nombreuses fresques). Cette relation avec Bethléem ira jusqu'à l'ouverture en 2017 du Walled Off Hotel, une ancienne fabrique de poteries rénovée au pied du mur, « l'hôtel avec la pire vue au monde », expliquera l'artiste au moment de son inauguration. L'établissement, dont les chambres pouvaient se louer jusqu'à 200 euros la nuit, a fermé ses portes le 12 octobre 2023, et ce jusqu'à nouvel ordre.

Comme le dit le cartographe palestinien Khalil Tafakji, « les frontières qui ne suivent pas une délimitation géographique ont forcément une motivation politique ». Ici, deux identités, deux peuples cherchent à ne pas vivre ensemble sans se séparer. C'est ce qui donne à cette terre une ambiance si particulière. C'est ce qui rend violentes les solutions qui y sont essayées. Pour ne pas se séparer sans vivre ensemble, il faut faire semblant, se cacher sans se dissimuler, ne plus partager de lieux communs en se voyant tous les jours. C'est presque une gageure, si on rapporte ces injonctions contradictoires à l'échelle humaine. Et pourtant, ce que la géographie avait montré, là où l'histoire avait mis en garde, il aurait fallu inventer une solution acceptable pour tout le monde. Le monde entier, celui du dehors, confit comme jamais dans ses propres opinions publiques, a été berné – ou a voulu croire à tout prix qu'une séparation était en marche et que le « chacun chez soi » ne tarderait pas, enfin, à classer ce dossier qui a précipité la région au bord du gouffre à de bien trop nombreuses reprises. Si on rétrécit la focale, qu'on zoome sur la région, qu'on se présente au bureau de l'immigration à l'aéroport pour obtenir un visa – distribué à l'arrivée, la science du contrôle n'est jamais déléguée chez les Israéliens – on comprend très vite la supercherie : ce qu'on avait désigné comme un système de séparation n'est rien d'autre qu'un système de contrôle des mouvements. Ici, le « où suis-je » rime avec le « qui suis-je ». Les cartes ne disent pas tout. Les définitions juridiques sont contredites. Seule la réalité de la présence sur cette terre explique qu'elle est discontinue. Même de passage, on s'aperçoit très vite qu'on change de comportement selon qu'on change d'endroit. Quand on rencontre les gens, on les rencontre derrière une barrière parce que le mouvement finit par se heurter à un mur qui lacère le paysage. Il me fait penser à l'échine hérissée d'un dragon qui monte la garde le long des voies interdites, prêt à cracher sa flamme pour faire rentrer le malheureux qui s'aventurerait au-delà de la limite. Mais aussi à cet autre mur, plus symbolique, qui divise les âmes et fait de Jérusalem une ville qui retient son souffle (le kotel ou mur Occidental dit des Lamentations qui symbolise pour les juifs une des fondations du second temple[2]).

Le mur : mur de la honte pour les uns, barrière de sécurité pour les autres, zone de suture dans les discours techniques, il a commencé à être édifié au cours de la seconde Intifada qui éclate en 2000 après la visite du Premier ministre israélien de l'époque, Ariel Sharon, sur l'esplanade des Mosquées, à Jérusalem, le 28 septembre. Ce geste est une provocation : en effet, depuis 1967, un décret rabbinique interdit aux juifs d'y prier quand l'accès des non-musulmans est restreint selon certains horaires, et interdit le vendredi et les jours fériés du calendrier musulman. Autant dire qu'ici, comme c'est le cas à Jérusalem et notamment dans la vieille ville, le territoire en question est alourdi d'une charge symbolique presque insupportable. L'air peut y devenir rapidement irrespirable, malgré les oliviers et la blancheur de la pierre. L'impression d'insécurité est alimentée par les incursions répétées de personnes qui n'ont rien à faire en ces lieux, et qui se multiplient ces dernières années. Cœur battant de la vielle ville de Jérusalem, cette esplanade, aussi appelée mont du Temple dans la tradition juive,

2. Lieu le plus sacré du judaïsme, le mur Occidental (ou kotel en hébreu) est ce qui reste du second temple juif rasé par l'empereur romain Titus en l'an 70 de notre ère. Il se trouve en contrebas de ce que les juifs appellent le mont du Temple (premier du nom érigé par le roi Salomon), et de ce que les musulmans appellent le Haram Al-Sharif (ou esplanade des Mosquées). Selon la coutume, les juifs qui vont prier au kotel écrivent leurs vœux sur de petits papiers qu'ils glissent entre les pierres disjointes du mur.

abrite la mosquée Al-Aqsa, la plus grande de Jérusalem, ainsi que le Dôme du Rocher qui marque l'endroit d'où le prophète Mahomet se serait envolé pour le ciel. Le Haram al-Sharif – son nom en arabe – est aussi une promenade, un endroit où se poser, comme une cour à ciel ouvert, un passage entre deux moments d'une journée.

2002 fut une année sanglante, marquée par de nombreux attentats contre des Israéliens. Ariel Sharon est Premier ministre et sa réputation d'homme violent n'est plus à faire. Pourtant, comme le rappelle Damien Simonneau, docteur en science politique de l'université de Bordeaux et spécialiste de la sécurité frontalière aux États-Unis, en Israël-Palestine et en Europe, « le mur est une idée du centre-gauche israélien. Dans l'esprit de ses premiers défenseurs, non seulement il garantira la sécurité des Israéliens en empêchant les intrusions des Palestiniens, mais aussi, son tracé pourra être celui de la frontière d'un futur État, en cas de reprise des négociations de paix entamées à Oslo. Même les Européens et les Américains adhèrent à ce point de vue. Ariel Sharon, lui, n'est pas très convaincu, les colons résistent en prétextant que la terre d'Israël ne se sépare pas… Jusqu'à ce que la droite israélienne comprenne qu'elle peut récupérer ce projet pour en faire un outil d'antiterrorisme mais aussi, et surtout, qu'il lui permettra de garder les colonies. À partir de ce moment-là, l'idée est vendue à l'opinion publique qu'une barrière de sécurité – comme on l'appelle en Israël – limitera les interactions entre les deux populations, qui pourront circuler *via* des checkpoints ». L'armée israélienne va demander à Danny Tirza, expert en planification stratégique spatialisée, d'ériger « une barrière de sécurité » pour protéger l'État hébreu des incursions depuis la Cisjordanie. Un tracé qui va s'appliquer à garder les colonies du côté israélien, même sur des espaces que le droit international considère comme des territoires occupés. En 2004, la Cour internationale de justice déclare que le mur est illégal : en tant que puissance occupante, Israël n'a pas le droit de s'accaparer des territoires pour contrôler les mobilités. Depuis cette époque, Palestiniens et Israéliens vivent sous un régime de séparation qui n'est pas défini par une frontière. Le mur a donné aux Israéliens une illusion de séparation, le danger avait été repoussé de l'autre côté. C'est ce paradigme qui explose le 7 octobre 2023, ce jour où le territoire israélien n'a plus suffi à protéger les siens.

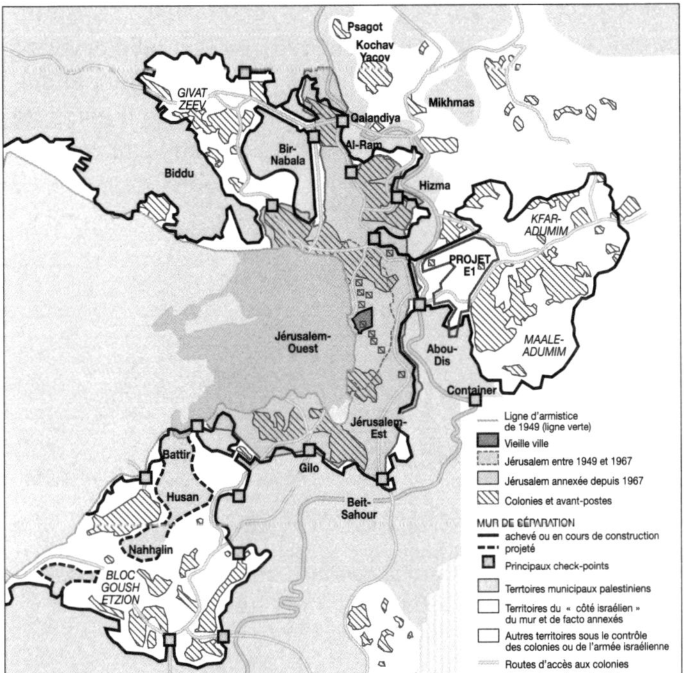

Municipalisation du territoire d'annexion[3]

3. L'étouffement progressif de Jérusalem par les colonies. Cartographie : Philippe Rekacewicz, 2012.

Au croisement entre les colonies d'Alon Shvut et Migdal Oz, sur la route 60 entre Bethléem et Hébron, octobre 2018[4]

4. Carrefour sécurisé à la sortie de deux colonies près de Bethléem. Photo : Lucille Saillant, 2018.

Chapitre 5

Le chat et la souris

« Aujourd'hui, j'ai plus peur de la police palestinienne que des Israéliens » : Moustafa sait de quoi il parle, il en a joué des parties de chat et de la souris avec les soldats. Il finissait généralement en prison, parfois juste un passage un peu musclé par une salle d'interrogatoire, et il ressortait jusqu'à la prochaine fois. Aujourd'hui, dans sa fougue intacte mais de plus en plus désespérée, il regarde ce qu'est devenu le pouvoir palestinien avec une amertume mal dissimulée. Il faut dire que la première Intifada de 1987 avait donné de l'espoir à tout un peuple. D'aucuns s'étaient même dit qu'en quarante ans d'existence d'Israël émaillés de conflits, c'était la première fois que les Palestiniens avaient gagné quelque chose : amener Israël à la table des négociations et inscrire à l'ordre du jour de la région la création d'un État palestinien. Depuis 1967, l'État hébreu occupe la Cisjordanie et la bande de Gaza, et les implantations juives apparaissent un peu partout sur le territoire. L'occupation devient une réalité tangible et Yasser Arafat décide alors de porter la résistance dans ces deux territoires. Israël riposte avec l'envoi de forces de l'ordre et maintient la pression autour des colonies. L'assassinat d'un soldat israélien à Gaza et l'accident entre un camion israélien et une voiture palestinienne vont provoquer l'étincelle qui va embraser la Cisjordanie et la bande de Gaza. Ce soulèvement populaire est inédit parce qu'il fait apparaître une nouvelle génération de Palestiniens née dans les camps, qui entretient un autre rapport avec la mémoire de la Nakba, tout comme ses propres enfants nourriront des sentiments encore différents vis-à-vis de la nation palestinienne. C'est cette troisième génération que dépeint le cinéaste Firas Khoury dans son dernier film, *Alam* (Le drapeau) qui montre un phénomène de transition générationnelle, au cours duquel le patriotisme change de forme : « En Palestine, tout est une question de temps depuis la Nakba, la catastrophe originelle. Ceux de la première génération, expulsés à 85 % de leurs villages, ont été très traumatisés. La seconde génération a essayé de construire une vie normale, sans interférence avec les institutions, loin de la politique, mais toujours avec la peur. La troisième génération ne porte pas de traumas personnels, ils sont plus courageux, ils ont moins peur. Ils renouent avec cette fierté qui est leur venue naturellement : plus on s'éloigne de la catastrophe originelle, plus les gens guérissent. C'est juste une question de temps, la guérison. Ceux qui avaient le droit de s'exprimer ont guéri plus facilement que ceux qui ont vu leur expression entravée. » Le héros du film de Khoury flotte dans un état adolescent qui se prolonge, une espèce de lassitude existentielle, éveillée par son amour pour une belle jeune femme engagée. Pour elle, il participera au projet fou de planter le drapeau palestinien en haut de leur école, alors qu'ils vivent en Israël. Le projet tournera court, et surtout, il n'éveillera pas plus que ça le personnage principal à la politique.

Dans cette autonomisation par rapport à la cause décrite par Firas Khoury, il faut aussi pointer l'absence de références politiques pour une jeunesse palestinienne qui ne se sent ni représentée, ni protégée. Elle est cette génération qui vit avec la certitude que l'Autorité palestinienne coopère à son propre enfermement. Comme le dit Rashid

Ismaïl Khalidi[1], historien américain d'origine palestinienne qui dirige le département du Moyen-Orient à l'université Columbia à New York, les accords d'Oslo représenteraient « une autre déclaration de guerre américano-israélienne internationalement autorisée » où, à la différence des précédentes, les dirigeants palestiniens ont accepté de devenir les complices de leurs adversaires.

L'historien évoque ici l'indéfectible soutien des Américains envers Israël qui a, année après année, négociation après négociation, a façonné la région. À l'époque du mandat britannique hérité de la fin de l'empire ottoman et d'un arbitrage de la Société des Nations (SDN), et alors que la communauté internationale est réorganisée en Nations unies après la Seconde Guerre mondiale, Londres a régulièrement cherché à impliquer l'ONU dans la gestion de la région, conscient du potentiel inflammable de ce dossier. L'Europe et les États-Unis répondent présents, aussi – et c'est ce qui donnera un statut particulier, et pour toujours, à ce nouvel État – parce que l'ampleur et la cruauté de la Shoah nourrissent une culpabilité et une compassion qui expliquent le soutien aux initiatives de départ vers la Palestine. Du côté de Moscou, le soutien est plus ambigu en raison de l'opposition historique du communisme au projet sioniste. Pourtant, y voyant un moyen de contrer l'impérialisme britannique, l'Union soviétique apporte son soutien au partage de 1947. À la naissance de l'État d'Israël, les deux puissances sont encore main dans la main pour parrainer le nouvel équilibre régional. Mais très vite, la guerre froide va dessiner ses lignes de fracture et l'endiguement communiste va devenir

1. Rashid Ismail Khalidi, *The Hundred Years' War on Palestine : A History of Settler Colonialism and Resistance, 1917-2017*, Metropolitan Books, Henry Holt and Company (New York), 2020.

l'obsession américaine. La région n'y échappera pas, Moscou et Washington se désolidariseront, le premier confirmant son soutien aux États arabes, au premier rang desquels la Syrie. Par ailleurs, l'antisémitisme fait rage en Union soviétique jusque dans les cercles proches du pouvoir qui organise régulièrement des purges dans ses rangs. Le fait que l'URSS reste hermétiquement fermée, empêchant les juifs soviétiques de rejoindre le nouvel État sioniste, finira de rompre les relations entre Moscou et Tel-Aviv qui n'aura alors de cesse de s'arrimer au bloc occidental.

L'indéfectible soutien américain à Israël s'explique aussi par des raisons religieuses. Encore aujourd'hui, les plus fervents partisans des sionistes sont les fondamentalistes protestants américains, des évangélistes aux mormons en passant par les quakers, qui nourrissent un lien particulier à cette cause : pour eux, seule la reconstruction d'un État juif en Palestine permettra le retour du Christ sur terre. Un attachement religieux qui deviendra vite un argument électoral pour tout candidat américain à la présidentielle qui chercherait à s'attacher les suffrages des juifs. C'est ainsi que sont nés des lobbys tout-puissants comme l'*American Israel Public Affairs Committee* (Aipac), et que les colons peuvent avoir leur porte-parole à Washington comme ce fut le cas pendant le mandat de Donald Trump qui accueillit à Washington un ambassadeur israélien du nom de David Friedman, financier des colonies et artisan du déménagement de l'ambassade américaine de Tel-Aviv à Jérusalem. Année après année, au fil des événements, la relation entre Washington et Tel-Aviv va se consolider et transformer Israël en tête de pont régionale de la démocratie à l'occidentale. C'est pourquoi Rashid Ismaïl Khalidi compare les accords d'Oslo à une guerre menée par Israël soutenu par les États-Unis, dans le sens où rien ni surtout personne ne peut aller contre une paix élaborée dans l'intérêt d'Israël. Et quand il ajoute que « les dirigeants palestiniens ont accepté de devenir les complices de leurs adversaires », il fait référence à la délégation à l'Autorité palestinienne d'une bonne partie de la sécurité des zones qui lui échoient dans le partage sans qu'elle ne gagne aucune crédibilité politique.

L'historien et écrivain Elias Sanbar faisait partie de la délégation palestinienne qui a négocié ses accords auprès de Yasser Arafat : pour le magazine de France Culture *À voix nue* qui lui était consacré en avril 2023, il se souvient des conséquences désastreuses que la fin de la guerre froide a fait peser sur les négociations : « On est arrivés soutenus par l'Union soviétique et du jour au lendemain, elle avait disparu. On s'est retrouvé seuls à la table des négociations avec, en face de nous, Israël et les États-Unis. » En effet, les premières discussions organisées à Madrid dès 1991 coïncident avec la chute de l'Union soviétique qui va, par conséquent, se désengager des négociations. Sans un parrain international puissant et respecté, il sera plus difficile à la partie palestinienne de soutenir son agenda de constitution d'un État. Les accords d'Oslo ne vont pas faire illusion longtemps : très vite, l'Autorité palestinienne va apparaître comme le supplétif de l'État hébreu qui continuera de défendre devant la communauté internationale un calendrier de transition qui dure toujours. Le tour de passe-passe parrainé par Washington fut de faire croire que les accords dessinaient l'architecture d'un futur État palestinien, que ce n'était qu'une question de temps et que la frontière était visible, et connue de tous, puisqu'elle était déjà tracée par la ligne verte. Surtout, et ce sera une constante dans toutes les négociations qui pourront se dérouler entre les deux parties, c'est à Yasser Arafat qu'il sera demandé le plus de concessions. Sans parrains solides, les Palestiniens peineront à résister à la pression. Comme l'écrivait l'universitaire américano-palestinien Edward Saïd[2] dans la revue britannique *London Review of Books* du 21 octobre 1993, les accords d'Oslo sont « un outil de la capitulation palestinienne, un Versailles palestinien ». « En [...] acceptant que les questions de la terre et de la souveraineté soient reportées aux "négociations sur le statut final", les Palestiniens ont en réalité bradé leur droit intégral et internationalement reconnu sur la Cisjordanie et Gaza : ce sont maintenant devenus des "territoires contestés". Le calcul d'Israël semble être qu'en acceptant de maintenir l'ordre à Gaza, [...] l'OLP se brouillerait rapidement avec les concurrents locaux, dont le Hamas. De plus, au lieu de se renforcer pendant la période intérimaire, les Palestiniens pourraient s'affaiblir, être davantage sous la botte israélienne et donc moins capables de s'opposer aux revendications israéliennes quand débutera le dernier cycle de négociations. Mais quant à dire comment, par quels mécanismes spécifiques, on va passer du statut intérimaire à un statut ultérieur, le document reste délibérément silencieux. Ceci signifie-t-il – mauvais présage – que l'étape intérimaire pourrait être la dernière ? » présage l'intellectuel. Qui ne s'était pas trompé. La période intérimaire ne prendra pas vraiment fin, le zonage du territoire est toujours effectif, l'Autorité palestinienne n'a pas disparu mais n'organise plus aucune élection depuis 2006.

2. « Arabe éduqué à l'occidentale », comme il se définit lui-même, Edward Saïd est un intellectuel engagé, mondialement connu pour son célèbre ouvrage *L'Orientalisme : l'Orient vu par l'Occident*, publié en 1978. Il a énormément contribué à la réflexion sur la question palestinienne, lui qui était né à Jérusalem en 1935 avant de s'exiler en Égypte, puis aux États-Unis dès 1947. Posant les bases des études postcoloniales, il n'a eu de cesse d'étudier l'évolution du regard de l'Occident sur l'Orient, interrogeant les lignes de rupture entre les deux mondes et la question de l'exil.

Après son retour triomphal à Gaza en 1994, Yasser Arafat s'était replié à Ramallah où il a fini sa vie, reclus à la mouqata[3] après près d'un demi-siècle de lutte, affaibli et loin de présider au destin d'un État palestinien.

3. Ce mot arabe désigne un quartier général gouvernemental. Depuis les accords d'Oslo de 1993, c'est l'appellation du siège de l'Autorité palestinienne à Ramallah. Aujourd'hui, la cour de la mouqata abrite le mausolée de Yasser Arafat en attendant l'avènement d'un État palestinien qui permettra de l'enterrer à Jérusalem, comme il l'a toujours demandé. Un souhait auquel s'est toujours opposé Israël depuis la mort du leader palestinien en 2004.

Chapitre 6

Capitale Potemkine

« Vous venez d'où ? » Difficile de rester un moment immobile et inoccupé à l'aéroport de Tel-Aviv sans voir un militaire venir s'enquérir de ce qu'on fait là et surtout, d'où on vient. Ayant répété mille fois dans ma tête qu'il ne servait à rien de mentir parce qu'ils savaient tout (même si je suis arrivée en disant que je venais pour un pèlerinage), j'explique que j'arrive de Ramallah, que mon vol pour Paris (en passant par Istanbul) part dans plusieurs heures mais que je n'ai pas pu faire autrement que d'arriver bien en avance à cause des difficultés de circulation inhérentes au pays. À ce moment-là, c'est quitte ou double : le type note, où il veut, et utilise cette information comme il veut, l'essentiel étant qu'il tourne les talons et que je puisse continuer ma sieste tranquillement. Ou il se dit que ce n'est pas normal d'aller se balader à Ramallah et qu'il tient là sa bonne affaire de la journée. Devant ses yeux écarquillés et son front plissé, je me dis que malheureusement, la seconde option semble être la bonne. « Vous étiez à Ramallah » ? Points d'interrogation en pagaille… « C'est comment ? Ça ressemble à quoi ? Vous avez des photos »… Points d'exclamation en pagaille ! Jamais je n'aurais imaginé cette réaction ! C'est la première fois que je réalise qu'ici tous se croisent, se surveillent, se fichent, s'observent, se traquent, se suivent, s'attrapent, s'entretuent… sans se connaître vraiment, sans plus aller les uns chez les autres comme le faisaient leurs grands-parents israéliens qui allaient faire leurs courses ou réparer leur voiture dans les souks ou les garages palestiniens, parce que c'était moins cher. Il reste tout de même la conscription, obligatoire (2 ans et 8 mois de service militaire pour les garçons, 2 ans pour les filles), qui contraint les soldats à servir en Cisjordanie ou à Gaza et qui constitue la première, et parfois la seule, occasion de rencontrer les Palestiniens.

Cueillie à froid, je n'ai pas pu répondre intelligemment à cette question dont j'aurais bien aimé qu'elle fût la porte d'entrée sur son territoire à lui. Il aurait fallu que je commence par lui rappeler que Ramallah est le siège de l'Autorité palestinienne et de ce fait, la « capitale » administrative des Territoires occupés. Ici, les symboles d'une nation pour un peuple sans passeport : la mouqata, le musée Mahmoud Darwich[1], le tombeau de Yasser Arafat… Ramallah est une sorte de capitale Potemkine, avec le siège des banques, des ministères et des associations de défense des droits de l'homme. Au centre de la ville, la place aux Lions célèbre, à travers l'animal fort et fier, les grandes familles qui ont fondé la ville et par conséquent, la Palestine. Pourtant, les hauts murs abritent un pouvoir discrédité, lointain et moqué par la jeunesse qui ne se reconnaît dans ces cacochymes qui s'accrochent à une administration sous perfusion – européenne –, et sous influence – israélienne. À la mort de Yasser Arafat en novembre 2004, son Premier

1. Figure de proue de la poésie palestinienne, il est aussi l'âme du peuple palestinien tant il incarne l'esprit de résistance. Mahmoud Darwich a été poursuivi toute sa vie et contraint à l'exil pour ses écrits politiques (il était proche du parti communiste). Moscou, Le Caire, Beyrouth, Tunis et Paris, il mourra en 2008 dans un hôpital de Houston, avant d'être enterré à Ramallah où un musée lui est consacré.

ministre Mahmoud Abbas est nommé chef de l'OLP. Il gagnera l'élection présidentielle de janvier 2005 et prend alors la tête de l'Autorité palestinienne. En janvier 2006, des élections législatives palestiniennes financées par l'Union européenne sont organisées. Les observateurs pensent que le Fatah va l'emporter, sans mesurer les conséquences de la deuxième Intifada et le mécontentement grandissant face à l'indigence du pouvoir palestinien. « La surprise n'en est que plus grande face à la nette victoire du Hamas, note Jean-Pierre Filiu, historien. L'UE réagit en exigeant du Hamas le renoncement à la violence, la reconnaissance d'Israël et le respect des accords déjà conclus entre l'OLP et Israël. » Le Hamas lui-même ne s'attend pas à cette victoire qui va renforcer sa position face au Fatah, dont il veut résolument se différencier. Il prend, seul, le contrôle de Gaza, entérinant un peu plus la division du mouvement national de résistance entre le « Hamastan » de Gaza, et le « Fatahstan » de Cisjordanie. Cette prise de pouvoir marque le début d'une réorganisation du mouvement. À partir de la charte de 1988, texte fondateur adoubé par le cheikh Yassine[2] qui créa le mouvement, un programme est adopté en 2017 : « Le texte recourt à un registre plus politique que religieux pour ancrer le Hamas dans la terre de Palestine, sans référence aux Frères musulmans dont il est historiquement issu. Loin des amalgames antisémites de la charte, le Hamas affirme

2. Fondateur et guide spirituel du Hamas, il était devenu tétraplégique à l'âge de 12 ans, à la suite d'un accident. Depuis, il se déplaçait en fauteuil roulant, là même où il a été tué dans un bombardement israélien le 22 mars 2004, à Gaza. Il a toujours été opposé à l'existence d'Israël, a toujours combattu une solution négociée entre les Palestiniens et les Israéliens, et n'a jamais reconnu les accords d'Oslo.

ne pas combattre les juifs en tant que juifs, mais les sionistes qui occupent la Palestine. Car ce sont les sionistes qui identifient constamment le judaïsme et les juifs avec leur projet colonial », rappelle l'auteur du blog Un si Proche-Orient publié par *Le Monde*. « Le programme officiel du Hamas nie cependant toute légitimité à l'entité sioniste et refuse de reconnaître les deux résolutions fondatrices de l'Assemblée générale de l'ONU, celle du plan de partage de la Palestine de 1947 et celle du droit au retour des réfugiés palestiniens en 1948 », complète-t-il.

Tandis que Mahmoud Abbas va s'isoler dans une gouvernance désincarnée, sans organiser aucune consultation électorale, le fossé se creuse entre les différentes composantes politiques, et entre le pouvoir et ses administrés qui, après s'être sentis trahis, se sentent abandonnés par une Autorité retranchée dans sa tour d'ivoire. Surtout que, comme le souligne le chercheur sur le Moyen-Orient Xavier Guignard, la préoccupation des Palestiniens aujourd'hui est plus celle de l'unité nationale que de l'État palestinien. La jeune génération, celle pour qui Oslo est au mieux un échec au pire un piège, se retrouve face à une réalité de plus en plus pesante et de moins en moins soluble : l'occupation israélienne. « Oslo a mis l'accent sur la question de la construction d'un État. Mais petit à petit, cette vieille obsession, ce but à atteindre s'est aussi révélé comme un obstacle à la libération. La nouvelle génération ne veut plus s'entêter dans l'échec d'Oslo, confrontée qu'elle est à la permanence de l'occupation, et à laquelle elle répond notamment par une mobilisation armée, comme on le voit dans les camps de Jénine ou de Naplouse. Face à cette nouvelle réalité, à l'heure actuelle, l'union nationale est plus importante que tout. » De fait, la création de l'Autorité palestinienne n'a résolu aucun problème, et les

Palestiniens subissent les divisions internes depuis 2006. « C'est pour ça que l'union nationale est une cause qui fait l'unanimité – avec le sort des prisonniers. C'est une vraie demande populaire », assure Xavier Guignard.

La succession de Mahmoud Abbas tout comme la question de la représentativité du peuple palestinien s'articulera autour de trois grands débats, selon lui. Le débat sur la représentation porte sur l'intégration du Hamas à l'OLP ; le débat sur la gouvernance concerne la formation d'un gouvernement national ou technocratique ; enfin, le débat sur la stratégie de résistance est crucial. Avant le 7 octobre 2023, il y a une convergence de vues pour travailler autour du fait que le Hamas intègre l'OLP, « même chez les Américains qui y voient un moyen de le contraindre à reconnaître ce qu'a reconnu l'OLP – dont l'existence d'Israël – et de le contrôler », croit savoir Xavier Guignard. À la fin du mois de février 2024, des représentants des différentes factions palestiniennes se sont retrouvés à Moscou, en marge d'une réunion sur l'après-guerre à Gaza, pour renouer le dialogue « afin de parvenir à une unité nationale globale incluant toutes les forces et organisations palestiniennes dans le cadre de l'Organisation de libération de la Palestine », selon le texte de leur déclaration commune.

Parallèlement à cette vie politique heurtée, contrainte et souvent inféodée au jeu des grandes puissances, il existe deux réalités incontournables pour comprendre comment les Palestiniens appartiennent à leur terre et la défendent : celle des camps de réfugiés et celle des prisons qui forment deux territorialités particulières liées au système d'occupation et de contrôle.

Les camps se sont formés après 1948, conséquences de la Nakba dont ils furent le déversoir en Jordanie, en Syrie et au Liban – puis à Gaza et en Cisjordanie après la guerre de 67 qui provoqua une deuxième vague d'expulsions. Seule la Jordanie donne la nationalité aux réfugiés palestiniens. Ailleurs, ils restent des étrangers, plus touchés par la précarité économique et sanitaire que le reste de la population, et souvent empêché de travailler (emplois réservés). À Gaza, près de 70 % de la population est constituée des réfugiés de 1948 et leur descendance. En Cisjordanie, les camps concentrent une population de plus en plus dense. La sensation de promiscuité y est parfois étouffante, la croissance démographique provoque un quotidien proche de la débrouille. Les camps de réfugiés sont des marqueurs importants de l'état de la société palestinienne, des concentrés au microscope de l'état d'esprit politique de la résistance. Ils constituent des éléments centraux de l'architecture palestinienne, en cela qu'ils incarnent le concept du droit au retour : leur seule existence prouve que le droit international a été bafoué. En effet, les réfugiés palestiniens ont un statut à part incarnée par l'existence de l'Unrwa[3], acronyme anglais pour l'Agence de secours et de travaux des Nations unies pour les réfugiés de Palestine au Proche-Orient. L'existence même de cette organisation incarne le non-respect du droit international qui garantit pourtant le droit au retour depuis l'adoption de la résolution 194 par l'ONU. À Bethléem, on entre dans le camp d'Aïda par une porte en forme de serrure surmontée d'une énorme clé qui évoque les trousseaux que de nombreuses familles ont conservés, avec des titres de propriété soigneusement

3. Unrwa est l'acronyme anglais de United Nations Relief and Work Agency for Palestine Refugees in the Near East. Créé en décembre 1949, cet organisme est chargé de l'aide humanitaire aux réfugiés palestiniens, de la scolarisation des enfants et des soins médicaux.

pliés dans des pochettes plastiques qu'on se transmet de génération en génération. Pour prouver que l'endroit où l'on reviendra est bien à nous, que l'usurpation a été perpétrée à sens unique. Et que la clé gardée précieusement ouvrira la porte de la maison qu'on a quittée précipitamment. En 1950, le gouvernement israélien adopte la loi sur la propriété des absents, selon laquelle les biens des personnes considérées « absentes » pendant la période comprise entre 1947 et 1948 ont été transférés à l'État d'Israël[4]. L'existence du camp perpétue l'espoir du retour, mais il incarne aussi la désillusion d'une situation qui n'évolue pas. Il est un territoire utile de contrôle encore plus rapproché, mais aussi le terreau fertile de l'évolution de la résistance, de la lutte armée à la résistance populaire. Un des exemples les plus connus d'initiative d'éducation populaire se trouve à Jénine, grande ville agricole du nord des Territoires occupés. La création du Freedom Theatre est très symbolique parce qu'elle est l'œuvre d'Arna Mer Khamis, née dans une famille juive marquée par la déportation, mariée à un arabe chrétien, engagée dans l'armée israélienne, mais farouchement attachée aux droits de l'homme qu'elle n'aura de cesse de défendre à travers son engagement pour la cause palestinienne. Après elle, son fils Juliano a repris le flambeau. Lui qui disait, lors d'une interview à la radio israélienne en 2009, « On vivra ensemble, ou on ne vivra pas » a été assassiné le 4 avril 2011, dans le camp même, près du théâtre, sans que l'identité de ses tueurs masqués n'ait été révélée. Depuis, une nouvelle direction tient le projet à bout de bras et réussit à maintenir le lieu ouvert pour continuer à recevoir les jeunes du camp. À la fin de l'année 2023, le théâtre

4. Lire à ce sujet *Le bien des absents*, d'Elias Sanbar, publié chez Babel en 2001.

a été saccagé par des soldats israéliens au prétexte que des armes y étaient cachées. L'équipe a réparé, reconstruit, pour continuer à offrir une alternative à la violence qui se rapproche. Même si des projets comme celui-là se multiplient, notamment soutenus par des ONG internationales, on a vu aussi, ces dernières années, le retour de groupes armés actifs au sein de camps. C'est l'autre réalité de ces endroits où l'espoir diminue proportionnellement à l'impasse qui grandit pour toute une génération de Palestiniens. La lutte armée revient dans les choix des fils dont les pères ont cru que les accords d'Oslo allaient déboucher sur la création d'un État palestinien. Eux subissent de plus en plus durement les contraintes de l'occupation. Jénine et Naplouse, la capitale du Nord avec ses 200 000 habitants et son camp de Balata, le plus peuplé des Territoires, sont des cibles particulièrement scrutées par les forces armées israéliennes. Les incursions y sont récurrentes et la répression de l'Intifada y a été particulièrement sévère. Mais l'Autorité palestinienne y sévit également, se méfiant de ces creusets de contestation de la part de gens qui se sentent complètement abandonnés, particulièrement sensibles aux sirènes politiques qui promettent une autre vie. Pendant le soulèvement du printemps 2021 qui s'est concentré à Jérusalem, notamment autour du quartier de Sheikh Jarrah[5], on a vu la capacité de mobilisation de cette jeunesse, qu'elle vienne de Cisjordanie ou d'Israël, et qui a donné le nom à ce moment, furtif, d'« Intifada de l'unité ». Dans les traces de l'histoire.

5. Quartier à majorité palestinienne de Jérusalem-Est où a éclaté un soulèvement en avril-mai 2021. Une décision de la Cour suprême israélienne sur l'expulsion de familles palestiniennes avait mis le feu aux poudres et provoqué des affrontements entre résidents, et avec l'armée israélienne.

Chapitre 7

La prison comme frontière

Je ne connais personne, dans mon entourage en France, qui puisse me parler de la prison. Je veux dire de l'intérieur, de l'expérience carcérale proprement dite. C'est un univers dont la fascination est entretenue par la fiction, la presse ou les rares récits de journalistes que je croise et qui ont travaillé avec des détenus. Un vendredi, à Salfit, affairée avec les femmes devant le four où cuisent les galettes qui seront recouvertes de zaatar – un mélange de thym, de sésame et de sumac très utilisé dans la cuisine régionale –, on évoque la famille : qui est qui, qui fait quoi, qui vit où. J'entends que ce cousin est emprisonné depuis six mois, que son père avant lui a connu les prisons israéliennes pendant cinq ans et que toutes les mères ont peur de voir leur fils se faire arrêter et être envoyé dans cette broyeuse que constitue l'administration pénitentiaire israélienne. Ici, l'expérience est à l'inverse de la nôtre : il est rare de rencontrer quelqu'un qui n'a pas « une histoire de prison » à raconter. Les chiffres confirment cette réalité : depuis 1967, 40 % des hommes palestiniens sont passés par la prison, sachant que 40 % des peines prononcées vont au-delà de vingt ans. C'est ce que l'historienne Stéphanie Latte Abdallah appelle la gouvernance par l'enfermement, pilier majeur du contrôle de la population palestinienne qui vit avec la menace quotidienne de l'arrestation. Sur cette terre, même la justice fonctionne à deux vitesses : le droit commun n'existe que pour les

Israéliens ; ce qui concerne les Palestiniens relève principalement de la justice militaire israélienne. Question de sécurité et non de justice, les détenus sont d'ailleurs appelés « détenus de sécurité » et la détention administrative héritée du mandat britannique est toujours en vigueur. Utilisée par l'armée israélienne, elle permet de retenir des individus sans motif, sans accès à leur dossier, sans convocation d'un avocat, sans inculpation ni procès pour une période de six mois renouvelable indéfiniment.

Stéphanie Latte Abdallah utilise la notion de dedans/dehors pour décrire l'organisation de la société palestinienne façonnée par la menace carcérale permanente. Dans ses travaux, elle décrit la Palestine comme un territoire sans frontières, qui constitue le dehors, et dont le pendant politique s'organise au-dedans (le système carcéral), regardé comme une société en miniature. « La possibilité d'être arrêté est permanente », écrit la spécialiste du Moyen-Orient et des sociétés arabes dans la somme qu'elle consacre à l'histoire de l'enfermement en Palestine[1]. L'individu palestinien représente un danger pour ce qu'il est, et selon l'endroit où il se trouve. L'historienne explique l'acharnement sur le collectif du dedans comme un reflet de la volonté de pulvériser le territoire du dehors. Un mouvement qui s'accentue derrière les barreaux quand, sur le terrain, l'annexion territoriale redouble de vigueur. Un seul mort d'ordre alors : la fragmentation des solidarités parce que, quand on ne maîtrise plus son espace, on arrête de bouger. Quand on est traqué, on se terre. Quand on est constamment surveillé, on s'immobilise. Jusqu'à devenir invisible. La frontière est

1. Stéphanie Latte Abdallah, *La toile carcérale – Une histoire de l'enfermement en Palestine*, Bayard, 2021.

alors partout en étant nulle part, une tension permanente s'installe, on porte le danger en soi, sur soi. Et on le fait courir aux autres. Même en foulant un territoire dont on pense qu'il nous est autorisé, on court un risque : pas un endroit où se réfugier, ce qui définit l'individu est le risque qu'il représente. Il ne doit être en lieu sûr nulle part.

C'est dans ce contexte qu'il faut comprendre la formation du mouvement des prisonniers dans les geôles israéliennes, ou comment la résistance nationale palestinienne a intégré le système carcéral. Dans les années 80, les cadres, les adhérents de l'OLP et de ses composantes sont emprisonnés à tour de bras. Une fois dedans, les prisonniers reproduisent la structure de leur parti, s'organisent en sections, deviennent des relais actifs du dehors. Le mouvement de résistance fabrique un continuum pour que l'enfermement ne vienne pas à bout de la cause. « Une représentation politique et administrative interne a structuré la vie politique dedans et son articulation avec la vie partisane dehors. Elle a encadré les relations et les communications avec l'administration pénitentiaire, tout particulièrement lors de conflits. À mesure que l'incarcération devenait un mode de gouvernement des Palestiniens et des Territoires occupés, cette expérience partagée se construisait comme une expérience nationale et citoyenne centrale avec la constitution depuis les prisons d'hommes d'une entité politique, le Mouvement des prisonniers politiques palestiniens, en lien avec l'OLP dehors », écrit Latte Abdallah.

À partir des années 2000 (après les accords d'Oslo et la deuxième Intifada), la gestion pénitentiaire change : le Service israélien des prisons fait face à des mouvements de protestation de plus en plus intenses, émaillés de grèves de la faim de plus en plus coordonnées, comme celle de 2019 déclenchée dans plusieurs établissements simultanément. Confrontés à des revendications plus individuelles, le Service des prisons et les services de renseignement saisissent l'occasion pour continuer leur travail de sape du collectif, incarnation vivace de la cause nationale palestinienne. En autorisant certaines communications avec la famille, avec l'avocat, en laissant entrer des téléphones portables dans les cellules, l'administration pénitentiaire tend à casser la dynamique de groupe, à isoler le détenu dans une demande propre qui, si elle lui est accordée, pourrait le mettre à l'écart du groupe, au moins pendant un temps. Les transferts de prisonniers sont aussi un moyen très utilisé pour affaiblir les rassemblements, éloigner les membres d'une bande constituée, aller contre le regroupement par affinités politiques qui s'organise derrière les barreaux.

L'administration pénitentiaire est évidemment un élément essentiel du contrôle exercé par les Israéliens sur les Palestiniens de Cisjordanie. Mais depuis les accords d'Oslo et les déchirements politiques intrapalestiniens, la détention est aussi devenue un instrument utilisé par l'Autorité palestinienne pour asseoir son autorité. L'opposition à l'AP se nourrit en dénonçant le rôle qui lui est assigné de contrôle des populations et de coopération avec les forces de police israéliennes. Le FPLP, le Hamas, le FDLP contestent une Autorité qu'ils considèrent aux ordres. Cette opposition va aussi avoir des conséquences sur les usages carcéraux par le biais du mouvement des prisonniers. Véritable reflet du Parlement palestinien, les organisations politiques ont leur porte-parole en prison. Une des figures les plus connues et reconnues de cette organisation s'appelle Marwan Barghouti. Communément appelé, en Occident, le « Mandela palestinien » , il est incarcéré en Israël depuis 2002, condamné à cinq peines de perpétuités plus quarante ans pour son rôle de leader politique et militaire dans la deuxième Intifada, et comme chef des Brigades des Martyrs d'Al-Aqsa[2]. Marwan Barghouti a toujours contesté cette identité, se présentant comme un simple représentant politique, ainsi que la légitimité du tribunal militaire devant lequel il a comparu. Inculpé de 26 meurtres, de « complicité de meurtre, tentatives de meurtre, participation à une organisation terroriste et détention d'armes et d'explosifs », il est reconnu coupable de quatre attentats, dont trois avaient entraîné la mort de cinq personnes : un prêtre grec orthodoxe tué en 2001 dans une embuscade sur une route de Cisjordanie par les Brigades des Martyrs d'Al-Aqsa, et quatre Israéliens. Ce rôle pour lequel Israël le condamne, il va continuer à le jouer en prison mais cette fois-ci, contre l'Autorité palestinienne qu'il conteste ouvertement. Donné vainqueur, symboliquement et dans les sondages, d'une hypothétique présidentielle palestinienne, on peut se demander qui a le plus intérêt à ce qu'il reste en prison entre Tel-Aviv et Ramallah… Et la réponse n'est pas loin d'être la même pour l'une comme pour l'autre. C'est toute l'ambiguïté de ce système de contrôle par les prisons : autant remplies par l'AP que par les forces de police israéliennes, les prisons constituent un même levier politique de contention, ou de répression de l'opposition.

Parce qu'il a occupé des responsabilités et mené des actions dehors, Marwan Barghouti, a déjà une réputation

2. Les Brigades des Martyrs d'Al-Aqsa désignent une des milices armées du Fatah, particulièrement active au cours de la seconde Intifada (2000-2005).

quand il arrive en prison. Contempteur de Yasser Arafat et de la corruption au sein de l'autorité palestinienne, il a des talents de meneur d'hommes et les utilise pour organiser des manifestations et des actions visibles et populaires. Quand la seconde Intifada éclate, il devient très vite un des « ennemis numéro 1 » les plus recherchés par Israël. Son incarcération est loin de signer la fin de son influence, et c'est à cette aune que son parcours illustre l'imbrication des intérêts partagés par Israël et l'AP après Oslo. De sa cellule, Marwan Barghouti va organiser sa campagne électorale après l'annonce de son intention de se présenter aux législatives de 2006. Ce scrutin qui va voir la victoire du Hamas à Gaza lui donne l'occasion de produire un document qui, dehors, pourrait être présenté comme une plateforme politique, voire comme un programme. Marwan Barghouti obtient la signature des partis dissidents (Hamas, FPLP, FDLP et Jihad islamique) et présente ce « Document des prisonniers » comme un projet d'unité nationale, particulièrement après les heurts entre factions palestiniennes qui ont eu lieu à Gaza et qui ont notamment provoqué la victoire du Hamas. Au-delà de sa personnalité de rassembleur, politique comme symbolique, Barghouti incarne la façon dont Israël peut instrumentaliser un dossier à son avantage : le laisser derrière les barreaux, c'est une façon de maintenir en place une Autorité palestinienne décrédibilisée, à mille lieues des scores de popularité qu'on prête au plus connu des prisonniers politiques palestiniens. Une démarche d'autant plus facile à appliquer que l'Autorité palestinienne elle-même ne se précipite pas pour négocier la libération de celui qui pourrait menacer sa survie.

Si les prisonniers sont aussi respectés, écoutés et d'une certaine façon préservés, c'est aussi qu'ils sont un élément majeur des négociations en cas de prises d'otage.

À ce sujet, l'histoire que le journaliste Jo Becker dévoile dans le *New York Times* du 26 mai 2024 est édifiante : il y est question de la période de détention de Yahyah Sinouar, le chef militaire du Hamas (qui a fait vingt-deux ans de prison, notamment à Beersheba dans le désert du Neguev), libéré en 2011 lors d'un échange de prisonniers. Le journaliste américain raconte comment un certain docteur Bitton a noué une relation avec le militant du Hamas après lui avoir « sauvé la vie » en soupçonnant un grave problème neurologique que l'équipe médicale pénitentiaire avait eu du mal à diagnostiquer. Sinouar fut opéré d'urgence d'une tumeur cérébrale qui aurait pu le tuer si elle n'avait été détectée à temps. Les deux hommes échangeront régulièrement leur vision de la situation, en hébreu, que le leader du Hamas a appris comme la majorité des détenus palestiniens. Il parlera longuement au médecin israélien du roman d'émancipation qu'il a écrit dans sa cellule : intitulé « L'épine et l'œillet », il raconte la vengeance du jeune Ahmed contre l'occupant israélien qui « brûle sa poitrine comme un chaudron » et illustre le thème du sacrifice sans fin qu'impose la résistance. Les deux hommes seront sollicités au moment de l'enlèvement du soldat Gilad Shalit[3], en 2006. Retenu cinq années par le Hamas dans la bande de Gaza, ce caporal franco-israélien a été libéré contre 1 027 prisonniers, majoritairement militants du Hamas, et parmi

3. Gilad Shalit, soldat de l'armée israélienne et citoyen franco-israélien, a été capturé le 25 juin 2006 par un commando palestinien. Il aurait été retenu à Gaza jusqu'à sa libération, le 18 octobre 2011. Il a été échangé contre 1 027 prisonniers palestiniens.

lesquels figurait Yahyah Sinouar. Au moment de sa libération, le futur leader du Hamas a demandé à échanger leur numéro de téléphone avec le docteur Bitton, lequel a refusé au nom du devoir de réserve auquel est tenu tout membre des forces armées israéliennes, lui qui était devenu officier du service de renseignement pénitentiaire en 2008. Aujourd'hui, le neveu du docteur Bitton figure parmi les otages retenus par le Hamas depuis le 7 octobre 2023, des informations convergentes le donnent même pour mort. Comment ne pas penser à cette conversation entre les deux hommes qui n'aura jamais lieu ? Mais qui aurait pu changer le destin d'une famille. Et peut-être au-delà.

Chapitre 8

Passages

Dans un système de filtrage, la question du déplacement est une préoccupation quotidienne. La seule observation des allers et venues en dit long sur la nature de la cohabitation qui prévaut depuis soixante-dix-sept ans. Une cohabitation qui subit avant tout la discontinuité géographique, une cohabitation obsédée par le fait de passer de l'autre côté, ou d'en venir. Du côté du mur où les uns doivent rester, les barbelés, les fossés, les bandes de terre sécurisées ; du côté du mur où les autres sont contents de rester, une ombre lointaine mais indolore, pour redire la protection continue et permanente. Même des airs, rien ne peut venir : le fameux Dôme de fer, un système de protection aérien unique au monde qui détruit les roquettes comme les missiles selon leur destination et leur portée, garde le territoire sous cloche et l'isole des tirs mauvais. Même de la mer, rien ne peut s'approcher, une zone interdite étant délimitée au large de Gaza, dont la largeur varie au gré des décisions de l'état-major israélien.

Autour de la limite géographique instaurée par la barrière de sécurité, tout un système de contrôle se met en place : chaque processus de séparation s'appuie sur une logistique de mise à distance très bien huilée et validée par le pouvoir politique. Ce n'est pas seulement l'armée qui est mise à contribution mais aussi le secteur privé, dans une volonté de normaliser la protection des citoyens israéliens. Dès le début de la construction du mur, en 2003, les entreprises de sécurité ont commencé à se multiplier, dans la foulée du vote par la Knesset d'une réforme concernant la gestion des check-points situés le long de l'édifice. Publiée en décembre 2013 sur un site équivalent à celui de France Travail pour le secteur privé, cette petite annonce de l'entreprise de sécurité privée Modi'in Ezrahi, à l'époque où elle faisait parler d'elle en imposant des règles particulièrement dures aux Palestiniens de Jérusalem, témoigne de cette articulation entre armée et secteur privé : « Tu as terminé ton service militaire ?! Tu veux économiser pour un voyage ?! Ta place est avec nous !!! Un projet prestigieux des passages terrestres du ministère de la Défense a besoin de contrôleurs/contrôleuses sécuritaires pour un travail intéressant dans une ambiance jeune et dynamique !!! » Cette nouvelle organisation intitulée la « civilianisation des passages » a consisté à déléguer à des entreprises de sécurité privées la gestion des 36 check-points situés le long des limites de la Cisjordanie et de la bande de Gaza, jusqu'alors assurée par l'armée. Cette démarche fut présentée par ses initiateurs comme une réforme humanitaire et rationnelle tant du point de vue économique qu'organisationnel. L'idée sous-jacente est de normaliser la surveillance, de réduire la friction, de dépolitiser le contrôle. Ces nouveaux check-points « civilisés » sont appelés « terminaux » comme dans les aéroports, comme au franchissement de vraies frontières, comme pour les déplacements dans une société normale constituée de civils qui se croisent et se recroisent. Les uns travaillent, les contrôleurs, les autres vont travailler, les Palestiniens, leurs échanges se déroulent dans un cadre fluide, presque un échange de services. Bien sûr, la séparation n'est pas totale, le contrôle est toujours présent mais l'idée est de civiliser l'emprise, de « faire ça bien ».

Le système de surveillance mis en place par Israël, notamment aux check-points, est un système reconnu dans le monde entier et un produit d'exportation de premier choix pour l'État hébreu : la lutte contre le terrorisme est l'argument indépassable pour justifier que tous les moyens sont bons et que le seul ennemi qui compte est le terroriste (en général islamiste/musulman, même s'il a gagné les élections comme le Hamas à Gaza). Il faut imaginer ce relativement petit espace, saturé de points de contrôle, de check-points, de barrières, de directions imposées, où on comprend très vite que s'il y a des personnes contrôlées, il y a toutes celles qui les contrôlent et que les zones de friction sont des enjeux géographiques réels.

La route 60 est un des symboles de cette séparation contrôlée. Elle traverse la Cisjordanie du nord au sud, reliant Nazareth, en Galilée, la plus grande ville arabe d'Israël, à Beersheva, dans le désert du Néguev, en passant par Jénine, Jérusalem et Hébron. Certains de ses tronçons, certains de ses carrefours sont dits « de la mort ». Plaques jaunes et noires pour les Israéliens, blanches et vertes pour les Palestiniens, plaques noires pour les véhicules militaires, tous se toisent, particulièrement autour des arrêts de bus où attendent les colons et les soldats. Le ballet est bien rôdé et pourtant, on sent que la situation peut dégénérer très vite, la tension est perceptible. Les armes sont partout, les contrôles et les soldats aussi. C'est un de ces endroits où les Israéliens se déplacent armés pour rentrer chez eux, dans une des nombreuses colonies qui jalonnent le tracé. Ici, il n'est pas rare que des colons investissent des champs d'oliviers, souvent restés de l'autre côté du mur, séparés de leur village par la route.

C'est d'un cas comme celui-là dont Michael Sfard est régulièrement saisi. Avocat israélien des droits de l'homme, il dénonce devant la cour surprême d'Israël des délits inhérents au régime d'occupation que sont l'expropriation, l'expulsion, les démolitions, les détentions administratives… Dans son livre qui retrace cinquante années de batailles judiciaires, il s'interroge sur le sens de son travail, notamment à travers ce dossier particulier qui donne son nom à l'ouvrage[1]. Deux villages palestiniens se retrouvent d'un côté du mur, tandis que leurs terres et leurs plantations se retrouvent de l'autre côté : quinze familles perdent ainsi tous leurs moyens de subsistance quand les autres se voient privés de 50 à 80 % de leurs revenus annuels. Face à l'avocat qui leur démontre que leur cause est plaidable mais pas avant deux, voire trois ans, les chefs de village suggèrent « de percer dans le mur une porte à leur usage qu'ils auraient le droit de franchir pour aller récolter les olives. » Sachant qu'à cet endroit, le mur n'étant pas construit sur la ligne verte ni à l'intérieur d'Israël, il est considéré comme illégal pour le droit international. Ce qui constitue le dilemme qui donne son nom au livre de Sfard : « Demander à l'armée de percer une porte pour faciliter l'accès des agriculteurs à leurs terres reviendrait à nous mettre exactement dans la position qu'elle souhaiterait voir prendre aux activistes des droits de l'homme : une position de collaborateurs dans la gestion d'une violation des droits de l'homme, en l'occurrence, la barrière de séparation. Ce que l'armée ne pouvait ni ne voulait choisir d'elle-même, nous le ferions à sa place », écrit l'avocat. Comment demander

1. Michael Sfard, *Le mur et la porte – Israël, Palestine, 50 ans de bataille judiciaire pour les droits de l'homme*, Zulma Essais, 2018.

l'ouverture de la porte, voire la suppression du mur, tout en plaidant l'amélioration de la situation des agriculteurs ? C'est à la réponse à cette question que Sfard va consacrer 600 pages qui démontrent que l'occupation est un problème de droits de l'homme et que pour obtenir une égalité des droits, le tribunal n'est pas le seul lieu de délibaration. C'est bien le territoire dans sa totalité qui est saturé de cette question : être égaux en droit, c'est aussi un contrat social, une question économique, la possibilité d'un tissu civique, d'initiatives citoyennes. Autant de ramifications humaines que l'occupation a décidé, dès le début, d'entraver.

Check-point pour les bus palestiniens reliant Bethléem à Jérusalem, octobre 2018[2]

2. Check-point pour les bus palestiniens à l'entrée de Jérusalem. Photo : Lucille Saillant, 2018.

Chapitre 9

Colonialisme de peuplement

Mur, colonies, barrages, check-points… Le vocabulaire inhérent à l'actualité des Territoires occupés pourrait renseigner un observateur vierge de toute autre information sur la nature des relations établies entre deux peuples sur une même terre. Il ne lui échapperait pas non plus que la paix ne s'est pourtant pas durablement installée depuis 1947 malgré la volonté de ne pas vivre avec l'autre, de se protéger de lui. Les accords successifs, dans le fait même qu'ils furent des échecs, ont consacré un système de partage de la terre.

Ici, l'idéologie corrompt l'atmosphère et rend le débat politique hautement inflammable ; le prisme de la connaissance est biaisé, il suffit pour ça de regarder les manuels scolaires qui racontent deux histoires différentes à des enfants qui vont grandir les uns à côté des autres, sans partager ni un territoire ni même une mémoire. C'est justement de subjectivité des récits dont il était question dans cette expérience menée par Prime (Peace Research Institute in the Middle East), une ONG fondée par des professeurs d'université israéliens et palestiniens, il y a une vingtaine d'années (le livre a été réédité au lendemain du 7 octobre 2023). L'idée est simple : prendre trois événements historiques majeurs (1917, la déclaration Balfour ; la guerre de 1948 ; 1987, la première Intifada), les faire raconter par « chaque camp » et publier les récits côte à côte, les pages paires au narratif israélien, les pages impaires au narratif palestinien. *Histoire de l'autre* se veut être un outil scolaire conçu autour de l'ambition « de rendre l'histoire de l'autre légitime, de faire de l'autre un interlocuteur », explique David Chemla, membre fondateur de La Paix Maintenant qui a préfacé l'ouvrage. « La reconnaissance de son histoire [...] est indispensable pour comprendre son identité et entamer avec lui un dialogue sur un pied d'égalité, un dialogue qui seul permettra de revenir un jour à une négociation politique. [...] Ce conflit oppose deux légitimités et seule cette prise de conscience permettra un jour de partager cette terre », espère ce militant de longue date pour la paix entre Israéliens et Palestiniens. Avant d'expliquer que le choix de la réédition « après le pogrom du 7 octobre 2023 à l'encontre des populations civiles israéliennes et des bombardements sur Gaza » a été fait « pour aider à comprendre la complexité de ce conflit et faire un pari sur l'avenir. »

En effet, dans cette atmosphère saturée de questions fermées et de mots clivants, on se doit de ne pas arrêter de chercher. D'interroger. Pour tenter d'enrayer la justification autoréalisatrice. C'est ainsi que, depuis une vingtaine d'années, le paradigme du colonialisme revient dans l'analyse de ce que la communauté internationale appelle communément « le conflit israélo-palestinien ». Question délicate puisqu'elle touche à la nature même du projet sioniste originel, qu'elle offre un point de vue sur la situation et ouvre des perspectives de réflexion. Définir le sionisme comme mouvement colonial introduit un biais dans le traditionnel face-à-face entre deux mouvements nationaux. Caterina Bandini est docteure en sociologie de l'École des hautes études en sciences sociales (EHESS) et chercheuse associée au Centre de recherche français à Jérusalem (CRFJ) et ses travaux portent sur l'engagement militant et les mouvements sociaux, sur le militantisme religieux et sur les rapports coloniaux en Israël-Palestine. Elle rappelle l'origine de ce débat : « L'utilisation du paradigme colonial pour qualifier la situation en Israël-Palestine et les évolutions du projet sioniste est ancienne ; on la retrouve dès la fin du XIXe siècle aussi bien sous la plume des premiers penseurs sionistes que dans les revendications d'intellectuels arabes dénonçant le projet de création d'un foyer national juif en Palestine comme Fayez Sayegh, intellectuel palestinien qui avait créé le centre de recherche de l'OLP et qui publie en 1965 un livret intitulé *Zionist Colonialism in Palestine* où il établit les bases d'une analyse de l'entreprise sioniste en termes de colonialisme de peuplement », rappelle-t-elle. « Pas besoin d'attendre les nouveaux historiens israéliens pour que les Palestiniens comprennent que ce qui leur arrive est une invasion coloniale : ce n'est pas parce que les juifs qui arrivent sont aussi des réfugiés qu'ils ne vont pas se comporter comme des colons. Dès le départ, la lutte palestinienne se construit comme une lutte anticoloniale, et ce n'est qu'avec les 10 points du rapport politique élaboré par le Conseil national palestinien en juin 1974, que l'OLP admet que son objectif est la création d'un État sur les frontières de 67 et plus, la libération de la Palestine historique. C'est ce moment qui mène au processus d'Oslo engagé pour résoudre un conflit national entre deux nationalismes qui nourrissent les mêmes aspirations sur un même territoire. Mais cette équation implique une symétrie entre les deux parties. Or ce n'est pas le cas en Palestine parce que la revendication sioniste s'appuie sur la notion de droits historiques, différents de ceux des populations autochtones. Cette différence fonde une asymétrie originelle qui peut expliquer l'échec des tentatives d'accords successives », explique Caterina Bandini.

« Pourquoi la séparation n'a pas apporté la paix ? Parce qu'elle n'en est pas une », répond en écho Thomas Vescovi, chercheur indépendant en histoire contemporaine. « Les transferts de populations juives ont commencé bien avant 1948, ce n'était pas nouveau au moment du plan de partage. Les Britanniques qui héritent du mandat se retrouvent à devoir administrer un territoire majoritairement peuplé d'arabes, tout en ayant l'obligation d'honorer leur promesse faite avec la Déclaration Balfour. Ils se rendent compte bien vite que les populations arabes ne sont pas naïves quant au projet sioniste et à ses fins, sans pour autant qu'elles comprennent bien les rapports de force diplomatiques auxquels elles faisaient face. Pour les non-juifs, la logique voulait que parce qu'ils étaient majoritaires, ils ne risquaient rien. »

« Or le sionisme est un colonialisme particulier en ce qu'il a pour objectif de remplacer la population autochtone. On en voit le résultat aujourd'hui avec la mainmise sur l'ensemble du territoire mais aussi avec le remplacement progressif de la main-d'œuvre palestinienne dévolue aux petits métiers, entretien en Israël et construction en Cisjordanie », explique Thomas Vescovi. La présence de ressortissants thaïlandais parmi les otages du 7 octobre illustre cette politique de recrutement d'une main-d'œuvre – majoritairement agricole – meilleur marché que les Palestiniens et complètement neutre politiquement. L'activisme dont fait preuve le Premier ministre israélien Nétanyahou à l'encontre de l'Inde et de son homologue Narendra Modi – l'Inde étant le premier client d'Israël – s'explique notamment par la négociation d'accords pour faciliter l'arrivée dans l'État hébreu d'une main-d'œuvre bon marché.

Pour pousser des populations à quitter leur terre d'origine, il faut une politique volontariste, appuyée par un gouvernement qui consacre un budget et une administration pour atteindre cet objectif. « Avant 1967, le débat est récurrent au sein du gouvernement israélien : que faire des populations (non-juives) ? David Ben Gourion lui-même insiste pour ne pas occuper Gaza qui, composée à 70 % de réfugiés, serait ingérable. En revanche, en Cisjordanie, le projet est d'opérer zone par zone, et de pousser les gens à partir », distingue Thomas Vescovi.

Après la guerre de 1967, de nouveaux territoires sont annexés mais les populations ne partent pas pour autant. Commence alors le processus de colonisation qui va petit à petit établir un maillage du territoire et permettre un contrôle de ceux qui y vivent. Revient la question de la gestion, de l'administration, de la vie quotidienne de ces populations. Qui va donner naissance à l'idée de délégation de ces zones à des autorités qui restent à déterminer. « À Oslo, c'est cette idée d'autorité autonome – qui permet de remplacer l'idée d'État – qui va se concrétiser. Or la communauté internationale, parrain incontournable de l'évolution régionale, s'attend, elle, à voir revenir sur la table l'avènement d'un État palestinien. L'État hébreu répond avec un calendrier progressif de mise en place d'une autorité temporairement désignée pour préparer la mise en place d'une structure étatique », se rappelle Thomas Vescovi. Trente ans après, ce temporaire reste d'actualité, notamment parce qu'on a fait croire que ce système garantirait la séparation. Or, on le voit, Israël n'a pas un souci de séparation mais de gestion des populations non-juives.

Mur, colonies, barrages, check points… Des mots qui relèvent finalement plus du contrôle que de la séparation. Car pour se séparer, il faut savoir ce qu'il y a à séparer. L'absence de réponse à cette question est peut-être le nœud gordien de bien des tragédies. Henry Laurens, historien et professeur au Collège de France, titulaire de la chaire d'histoire contemporaine du monde arabe, note que « les Israéliens veulent forcer leurs voisins à contrôler leurs frontières, mais c'est exiger d'eux de constituer un État fort doté de moyens militaires importants, ce qui inquiète à leur tour les Israéliens. Si le voisin arabe est faible, il ne peut pas interdire les infiltrations ; s'il est fort, il devient une menace[1] ». C'est ce cercle vicieux qui entraîne les deux entités dans un face-à-face mortifère où l'un a besoin de l'autre pour se maintenir dans un état qui justifie la façon dont la situation est gérée.

1. Article d'Henry Laurens, *Construction de la question palestinienne* dans Ce que la Palestine apporte au monde, publié par l'Institut du monde arabe et le Seuil dans la collection ARABORAMA, en 2023.

Zone militaire israélienne sur la route entre Halhul et Hébron, octobre 2018[2]

2. Près d'Hébron, la triste silhouette d'un mirador. Photo : Lucille Saillant, 2018.

Chapitre 10

L'incontournable question

Quand on pénètre dans la vieille ville de Jérusalem par la porte de Damas, on s'enfonce dans un brouhaha d'odeurs et d'images, de bruits et de recueillements. Menthe, falafels, jus de grenade. On glisse sur les pavés pour contourner les vieilles, assises à même le sol pour vendre herbes odorantes et zaatar fait maison. On apprend à slalomer entre les charrettes débordantes de galettes de pain, celles des éboueurs mais aussi les grappes de pèlerins. Envie de tout voir, de tout entendre, de tout comprendre de ces dédales qui conduisent au Saint-Sépulcre, au mur des Lamentations et à l'esplanade des Mosquées. La Via Dolorosa[1] déroule ses pavés, les stations de la Passion du Christ indiquent les étapes du martyr observées par les pèlerins recueillis. À cet endroit se trouve une adresse fantastique, un lieu qui permet de prendre de la hauteur, physiquement, pour observer ce manège fascinant de concentré d'humanité sur quelques kilomètres carrés. Le bâtiment a autrefois abrité un hospice autrichien dont il a gardé le nom. Bien connu pour ses jardins, ses apfelstrudel, ses propositions de logement honnêtes dans la vieille ville, il faut s'y installer

1. Rue de la vieille ville de Jérusalem qui, selon la tradition, a été empruntée par Jésus avant sa crucifixion. Les fidèles chrétiens peuvent y observer le chemin de croix qu'aurait accompli le Christ au cours des quatorze stations indiquées le long du parcours.

le vendredi soir, au coin de la terrasse, en surplomb du ballet des passants. En ce jour de prière pour les musulmans, les portes de l'esplanade se sont fermées pour la journée, réservant son accès aux seuls fidèles qui commencent à quitter la vieille ville pour regagner la partie est de Jérusalem. Soudain, du brouhaha de la foule, s'élève le son du shofar, cette corne de bélier dans laquelle souffle le rabbin pour annoncer le début du Shabbat. Ils sont les premiers à y répondre, difficiles de les manquer avec leur schtreimel sur la tête, ce chapeau cylindrique en fourrure porté par les juifs orthodoxes : ils descendent la Via Dolorosa pour rejoindre le kotel, croisant les fidèles qui descendent de la mosquée Al-Aqsa[2]. Fascinant échange, comme le sang dans les veines, entre air frais et traditions millénaires. Si d'aucuns veulent croire que ce ballet est réglé en très haut lieu, difficile de ne pas y voir une image de ce à quoi pourrait ressembler le partage de cette terre. Au vu de solutions divines quelque peu insatisfaisantes reste à retourner aux plans humains, aussi imparfaits soient-ils. Jusqu'au 7 octobre 2023, le plan qui servait de référence plus ou moins efficace était celui qui prévoyait une solution à deux États, dont l'idée est née dès le plan de partage de 1947. Elle n'a jamais vraiment été mise en pratique sous les coups de butoir des guerres successives, des opérations de sabotage de la paix par les milices juives comme par les terroristes palestiniens. La solution à deux États, comme son nom l'indique, implique une séparation de fait des Palestiniens et des Israéliens, la construction d'une frontière entre leurs deux pays et

2. Plus grande mosquée de Jérusalem, elle est construite sur le mont du Temple et fait partie, avec le Dôme du Rocher, du Haram al-Sharif, troisième lieu saint de l'islam.

par conséquent, le partage de la terre. Pourtant, depuis près de quatre-vingts ans, c'est à l'inverse qu'on a assisté, et plus personne n'est dupe, même si personne n'a le courage de valider une situation de fait qui constituerait alors une nouvelle base de travail. « Si l'on ne peut partager une terre, avec toutes les difficultés que cela représente, il nous faut apprendre à partager une souveraineté », écrit Shlomo Sand dans son dernier ouvrage[3]. Aucune autre solution n'est possible selon l'historien israélien qui considère toutes les solutions envisagées jusque-là comme obsolètes : le partage de la terre n'est plus du tout d'actualité ; jamais les États arabes n'ont accepté, et n'accepteront, le transfert des populations palestiniennes (sans parler des Palestiniens eux-mêmes) ; seul le temps du compromis est venu. « Pour ma part, je ne suis pas "pour" un état binational, je dis qu'on n'a pas d'autre solution. Il n'y a pas d'avenir ici pour mes petits-enfants sans les Palestiniens. Donc je suis pour une fédération, une confédération, peu importe. Souvenez-vous que les pacifiques suisses, avant l'État confédéral de 1848, s'entre-déchiraient ! Il faut se battre contre le Hamas, mais donner de l'espoir à ceux qui acceptent de vivre à nos côtés. Nous devons reconnaître la tragédie de 1948, et corriger en partie l'injustice subie. C'est un processus douloureux mais nous n'avons pas le choix », expliquait l'historien israélien dans une interview au magazine *Télérama*, en janvier 2024.

La (re)mise au goût du jour de la solution à deux États par les négociations de Madrid et les accords d'Oslo vient de la volonté de faire taire la violence à un moment

3. Shlomo Sand, *Deux peuples pour un État ? Relire l'histoire du sionisme*, Seuil, 2024.

où les deux peuples s'enferment dans un cycle infernal de représailles. Pourtant, tant que le gouvernement israélien propose que les mesures décidées par Oslo ne soient que temporaires en attendant de vrais accords sur la constitution d'un État palestinien, les clauses de l'accord ne seront jamais appliquées et la situation s'enkystera. Ainsi, en septembre 2002, soit neuf ans après la poignée de main entre Itzhak Rabin et Yasser Arafat à la Maison Blanche, Ariel Sharon, alors Premier ministre, déclarera que les accords d'Oslo n'existent plus. Comment peut-on, dix ans à peine après son élaboration, décréter que le seul texte de paix reconnu par la communauté internationale en cinquante ans, et signé conjointement par les deux protagonistes, est caduc ? Comment ne pas y voir l'officialisation d'une situation à la faveur d'une seule des deux parties ? Comment ne pas y entendre la volonté que jamais n'advienne ce qui ne pourrait ne plus être contesté ?

Surtout, il y a eu l'assassinat d'Itzhak Rabin. Comme l'écrivait Alain Frachon dans *Le Monde* en août 2015 à l'occasion de la sortie du film d'Amos Gitaï *Le Dernier Jour d'Yitzhak Rabin*, « l'homme qui a assassiné le Premier ministre israélien, le samedi 4 novembre 1995, à Tel-Aviv, a réussi son crime au-delà de ses espérances. En tuant Itzhak Rabin, 73 ans, Yigal Amir[4], 25 ans, membre

4. Condamné à la prison à vie pour le meurtre du Premier ministre Itzhak Rabin, Yigal Amir est un adepte du sionisme religieux le plus radical. Il s'était juré de poursuivre la lutte contre le processus de paix « au nom de Dieu ». En 2001, la Knesset a adopté la « loi Yigal Amir », qui interdit de gracier ou de commuer la peine d'un prisonnier condamné pour le meurtre d'un Premier ministre pour des raisons politiques.

de l'extrême droite israélienne, a aussi tué une politique. » La paix, que seul un homme comme lui pouvait aborder, en faire un sujet de discussions, une éventualité de négociations, va petit à petit disparaître des agendas politiques. La signature des accords d'Oslo va nourrir une atmosphère délétère, encouragée par le Likoud[5] de Benyamin Nétanyahou qui n'aura de cesse de mettre de l'huile sur le feu notamment au cours de manifestations où Rabin est grimé en nazi et son effigie brûlée aux côtés de celle de Yasser Arafat. N'hésitant pas à désigner Rabin comme un traître et un ennemi, Nétanyahou arrivera au pouvoir après sa mort pour ne plus en partir, en jurant que jamais un État palestinien n'existera.

La solution à deux États va se dissiper dans les limbes, paresseusement remisée par les manquements d'Israël vis-à-vis du droit international. Et par l'incapacité de l'appareil politique palestinien à voir plus loin que ses conditions de survie assurées par les dits accords. Il aurait fallu une once de créativité, d'imagination mais surtout d'envie. La solution à deux États vient remettre en question le système de gestion sécuritaire israélien, et donc sa survie même, en cela qu'elle imposerait la fin de l'occupation comme un préalable.

Passées les premières vagues d'épouvante et d'effroi provoquées par les massacres du 7 octobre 2023,

5. Le Likoud est un parti politique libéral de droite créé en 1973 par Menahem Begin qui devient Premier ministre en 1977, mettant fin à la domination du parti travailliste. Depuis, à de courtes exceptions près, le Likoud domine la vie politique israélienne, notamment avec des Premiers ministres comme Ariel Sharon et Benyamin Nétanyahou.

la solution à deux États a refait son apparition sur les lèvres expertes et dans les avis diplomatiques. Aujourd'hui, *a fortiori* dans les improbables scenarii qui sont évoqués pour l'après-guerre, on est loin de ce temps de l'après-guerre froide, où certains conflits enkystés semblaient vouloir se résoudre, où les vieilles lignes de front bougeaient et où même la situation au Moyen-Orient semblait gagner par cette atmosphère de confiance. Pourtant, très vite, le projet final s'est estompé. On ne peut que regretter qu'aucune voix n'ait eu le courage de Nelson Mandela qui, dans ses Mémoires où il relate les négociations avec le Premier ministre Frederik De Klerk sud-africain, rappelle que sa seule exigence non négociable était celle de l'égalité entre les citoyens – un homme, une femme, une voix.

Pas même la communauté internationale qui a laissé faire, et qui a validé la temporalité du calendrier, condition israélienne qui permettra à l'État hébreu d'installer une situation permanente en la faisant passer pour une étape intermédiaire. Le 7 octobre, j'ai pensé à la complicité, à tous ces parrains lointains, marionnettistes de malheur qui, côté jardin, assemblent les bombes qui déchiquetteront, côté cour. Ceux qui ferment les yeux sur des décisions illégales, et qui remettent la justice au lendemain. Le droit international a été pensé comme un rempart ultime à la barbarie mais aussi comme une référence qui suffirait à justifier tous les renoncements des vainqueurs. Le 7 octobre, j'ai pensé à ces engagements, signés de part et d'autre, avec les doigts croisés sous la table, ces plans de paix, ces partages, ces clauses, ces résolutions, ce corpus législatif qui incarnait une volonté politique et qui est devenu le carcan des mauvaises volontés. Benyamin Nétanyahou et la droite israélienne sont au premier rang des bénéficiaires de ce système qu'eux seuls dictent depuis la fin des années 70. L'état de menace perpétuelle justifie un état de guerre perpétuelle et garantit le maintien au pouvoir du Likoud et de ses alliés de plus en plus extrémistes et religieux. La promesse de ne jamais laisser advenir un État palestinien et le maintien d'une sécurité sans faille sont les piliers d'un pouvoir israélien de plus en plus nationaliste. Le système politique de l'État hébreu a besoin du conflit pour durer. La dernière offensive du gouvernement de Nétanyahou contre la Cour suprême dit la fragilité, la peur du bulletin de vote et de la manifestation pacifique. Chaque semaine pendant sept mois, de janvier jusqu'à l'été 2023, des centaines de milliers de personnes, juifs israéliens dans leur immense majorité, sont descendues dans la rue à l'unisson pour dénoncer la réforme judiciaire du Premier ministre dont un amendement prévoyait d'ôter au pouvoir judiciaire le droit de se prononcer sur *« le caractère raisonnable »* de décisions de l'exécutif ou du Parlement israélien. Autrement dit, Benyamin Nétanyahou avait parrainé un texte de loi qui visait à restreindre les marges de manœuvre du juge sur le politique, afin de lui laisser les mains libres pour nommer des responsables ou valider des décisions administratives sans aucune forme de considération des risques de corruption ou de conflit d'intérêts. En janvier 2024, cette disposition a finalement été invalidée par la Cour suprême du pays.

Chapitre 11

Apartheid

C'est un mot qui appartient à l'Histoire. C'est un mot qui figure en tête de cortèges de toutes les manifestations qui fleurissent régulièrement sur les boulevards des capitales occidentales, particulièrement depuis le 7 octobre 2023. C'est un mot fort qui assigne celui qui l'emploie à la prise de position. C'est un mot qui a résonné particulièrement en (re) faisant son entrée à l'ONU, en 2014, quand Richard Falk, rapporteur spécial des Nations unies sur la situation des droits humains dans les Territoires palestiniens occupés depuis 1967, a présenté son travail au Conseil des droits de l'homme : il concluait que la situation qui y règne s'apparente à un apartheid. Ce mot, c'est celui-là, apartheid, qui veut dire « séparation » en afrikaans. « Une des comparaisons les plus courantes place Israël-Palestine en regard de l'Afrique du Sud. Cette analogie repose d'abord sur les points communs existants entre ces deux systèmes ancrés dans le colonialisme de peuplement. Cette mise en place de systèmes racistes et discriminatoires amène également à discuter de la notion d'apartheid : celui, originel, instauré en Afrique du Sud de 1948 à 1991 est mis en parallèle du régime de domination israélien actuel, de plus en plus étudié, et dénoncé, comme correspondant au crime d'apartheid défini par le droit international », expliquent Caterina Bandini et Marion Lecoquierre[1].

Cette analogie révèle également des différences entre les deux systèmes : le cas israélien est particulier dans les restrictions qu'il impose à la liberté de mouvements des Palestiniens et dans les différents niveaux de citoyenneté qu'il instaure. Écoutons une fois encore le géographe Tafakji, chroniqueur avisé de ce territoire unique : « Pour circuler depuis les villes du sud de Jérusalem à celles du nord, de Bethléem à Ramallah par exemple, les Palestiniens sont obligés d'emprunter les routes de contournement qui rallongent considérablement les déplacements, d'autant qu'elles sont le plus souvent engorgées. D'autres artères sont accessibles mais assorties de restrictions et peuvent être barrées à tout instant. La Cisjordanie est comme un labyrinthe dont les portes s'ouvrent et se referment au bon vouloir de l'armée d'occupation, pour des motifs souvent imprévisibles, rarement expliqués, comme une simple loterie. Une redoutable guerre d'usure. »

Au départ de l'utilisation du terme d'apartheid, il y a une expérience de terrain spécifique menée notamment par une ONG israélienne qui fut à l'origine de ce qu'on peut considérer comme un tournant majeur dans l'histoire de la région, tout comme les nouveaux historiens israéliens – un groupe de cinq chercheurs qui ont réexaminé l'histoire de la naissance de l'État d'Israël dans les années 90 – ont exhumé la Nakba de l'oubli organisé. Depuis sa création en 1989, *B'Tselem* est la vigie des

1. Caterina Bandini et Marion Lecoquierre, *Le paradigme du colonialisme de peuplement : un tournant épistémologique ?*, Revue Internationale de Politique Comparée (à paraître).

droits humains dans les Territoires occupés. Fondée en Israël et notamment financée par des fonds juifs, elle documente la vie sous occupation dans la bande de Gaza, en Cisjordanie mais aussi à Jérusalem-Est. Ses membres ont constaté, témoigné, raconté une rupture de situation entre deux régimes parallèles opérant entre la mer Méditerranée et le Jourdain – une démocratie permanente à l'ouest de la ligne verte et une occupation militaire temporaire à l'est de celle-ci. Leur conclusion est sans appel : l'ensemble de la zone contrôlée par Israël est régi par un seul régime d'apartheid, présidant à la vie de toutes les personnes qui y vivent et fonctionnant selon un principe d'organisation : établir et perpétuer le contrôle d'un groupe de personnes – les juifs – sur un autre – les Palestiniens – au moyen de lois et de pratiques relevant de la violence d'État. Le système a généré un arsenal législatif qui lui est entièrement dédié. En 2005, une direction des passages a été créée, sous la responsabilité du ministère de la Défense, pour centraliser la gestion des check-points qui allait petit à petit être partagée entre armée et compagnies de sécurité privées. Depuis 1994, et pour mettre en place le zonage prévu par les accords d'Oslo, le COGAT – selon son acronyme anglais pour *Coordinator of Government Activities in the Territories* qui désigne l'administration civile du gouvernement israélien dans les territoires occupés – est l'autorité qui fait la pluie et le beau temps dans les territoires, notamment en zone A.

Des ONG internationales ont diffusé cette nouvelle donnée pour éclairer une situation qui confinait à l'invisibilisation des Palestiniens. Amnesty International notamment, non sans essuyer de lourdes accusations publiques d'antisémitisme notamment, a elle-même produit un rapport dans lequel elle décrit « un système cruel de domination et un crime contre l'humanité. » « Nous ne prenons pas position sur Israël en tant qu'État juif ni sur le droit du peuple palestinien à un État indépendant, puisque nous ne prenons jamais position sur les mesures employées par les peuples pour exercer leur droit à l'autodétermination. Nous reconnaissons que le peuple juif et le peuple palestinien revendiquent tous deux le droit à l'autodétermination. Nous critiquons les politiques du gouvernement israélien qui sont contraires aux droits humains, pas la population israélienne ni le peuple juif », avait alors tenu à préciser Jean-Claude Samouiller, alors président d'Amnesty France, au moment de la publication du rapport en février 2022.

Au-delà de la situation décrite, il y a donc le mot, apartheid, qui a eu le mérite de replacer la Palestine sur les agendas internationaux. Le fracas qu'il a provoqué s'explique évidemment par sa dimension descriptive mais aussi évocatrice, le plus grand nombre aura revu des images, aura convoqué des souvenirs, se sera souvenu de références politiques d'un temps révolu. Même s'il ne fait que décrire une situation qui découle d'un long processus et non un état de fait qui s'impose du jour au lendemain, il rappelle un des défis centraux de la diplomatie : qualifier les situations. Il n'y a qu'à voir l'embarras des capitales occidentales qui louvoient pour ne jamais nommer les choses. Le 11 septembre 2001 est un marqueur indépassable en cela qu'il a permis de créer « la guerre contre le terrorisme », devenue le label de tout interventionnisme contre des forces décrétées obscures par des démocraties qui choisissent parfois d'ignorer des volontés électorales exprimées sur les territoires en question.

Dans un étrange écho, Israël a apporté la preuve que ce qui avait été documenté et nommé par la communauté internationale, était également reconnu et officialisé par Tel-Aviv. Le 19 juillet 2018, la Knesset[2] a voté la loi sur « l'État-nation », qu'on peut lire comme une légalisation de l'apartheid. Que dit cette loi fondamentale, qui s'ajoute au corpus existant, Israël ne disposant pas de Constitution ? L'article 1 stipule que « l'exercice du droit à l'autodétermination nationale dans l'État d'Israël est spécifique au peuple juif ». Donc refusé aux autres, Palestiniens en tête ! Abolissant le statut officiel que l'arabe partageait avec l'hébreu depuis 1948, l'article 4 écrit que « le langage de l'État est l'hébreu », tout en prévoyant pour l'arabe un « statut spécial ». Enfin, l'article 7 énonce que « l'État considère le développement de l'implantation juive comme un objectif national et agira en vue d'encourager et de promouvoir ses initiatives et son renforcement ». À la lecture de ces mots, on peut sérieusement mettre en doute les cris d'orfraie poussés par les autorités israéliennes au moment où le mot d'apartheid à commencer à être employé un peu partout. En compromettant plus que jamais la solution à deux États puisqu'elle projette un peu plus Israël vers la constitution d'un État dirigé par la minorité juive et composé de la majorité arabe. « Même à Haïfa, où juifs et arabes vivent ensemble, les arabes ne se sentent pas tout à fait appartenant à un État

2. La Knesset veut dire « assemblée » en hébreu et désigne le Parlement israélien. Les 120 députés qui le composent sont élus pour quatre ans, dans un scrutin proportionnel plurinominal. La Knesset vote les lois et le budget, contrôle le gouvernement et élit le président de l'État d'Israël dont les attributions sont purement honorifiques.

qui ne se définit pas comme israélien, mais comme État juif. Ce qui signifie que cet État appartient davantage aux juifs de Paris qu'à mes collègues arabes de Haïfa. Si on ne comprend pas cette injustice, on ne comprend pas le conflit », se désole l'historien israélien francophone et francophile, Shlomo Sand dans une interview au magazine *Télérama* en janvier 2024.

Il faut aussi l'envisager dans sa durée, ne pas considérer la situation comme un état de fait mais comme un processus. C'est ce mouvement perpétuel qui explique aussi l'échec de certaines demandes. À cette aune, il est intéressant de réfléchir à la Nakba, ce pan de l'histoire palestinienne, traduit de l'arabe en « catastrophe », qui s'est imposé comme le récit originel. Le terme a été « inventé » par Constantin Zureiq, un intellectuel arabe né à Damas en 1909. Il emploie le mot dans son ouvrage publié en 1948 et intitulé *Ma'an Al Nakba* (La signification de la catastrophe). En 2011, l'écrivain libanais Elias Khoury, dans une lecture critique de Zureiq note que « ce qu'il n'avait pas compris à l'époque, c'est que la Nakba n'est pas un événement mais un processus. » La Nakba continuelle est un concept qui s'est imposé chez certains intellectuels palestiniens : comme un passé qui ne passe pas, cette référence agit aussi comme une borne indépassable, qui justifie le droit au retour, l'existence de l'Unrwa, la survivance des camps. Et la permanence de la situation.

D'un côté comme de l'autre, quelque chose semble figé dans une impossibilité de déconstruire un état de fait qui dure, qui sert les intérêts des uns et des autres et qui finalement, entretient un *statu quo*, quoique délétère, mais qui fixe les lignes. Comme une maladie chronique dont on craint plus la résolution que l'aggravation. La reconnaissance suffit-elle à autoriser l'avenir ? L'universalité d'une cause suffit-elle à congédier les absents une fois pour toutes ? L'acceptation du terme d'apartheid est venue quelque peu répondre à ce débat : si apartheid il y a, alors la Nakba continuelle a un sens. Telle était la situation avant le 7 octobre 2023 : les forces en présence sont connues, les rapports qu'elles entretiennent aussi. L'Histoire a à peu près tout dit de ce morceau de terre. La géographie continuait de ployer sous l'arasement. Les forces israéliennes étaient concentrées sur la Cisjordanie, occupées à défendre les colons et à combattre les nouveaux groupes armés dans les camps de Naplouse et de Jénine, notamment. L'Autorité palestinienne entretenait le silence, la mouqata ne cessait de s'enfoncer dans le formol et de creuser un fossé qui ne pourrait être comblé entre elle et sa population. Benyamin Nétanyahou s'enferrant dans ses alliances mortifères avec la droite nationaliste religieuse et les kippas tricotées, symbole des partisans du nationalisme religieux et des colons, se sont multipliées à la Knesset. La simple description de ce *statu quo* était porteuse de malheurs à venir.

Chapitre 12

Une terre pour tous – Bilal lil-jami – Eretz Lekullam

Après les bases militaires, ils ont été en première ligne. S'étant retrouvés très près de la barrière de sécurité, ils sont le lieu où les uns travaillent avec les autres, et où l'idée de faire quelque chose de cette terre ensemble a encore du sens. Le 7 octobre 2023, cette idée a volé en éclats, et certains des plus vieux kibboutz d'Israël avec. Nir Oz, Be'eri, ces noms accompagnent la litanie quotidienne des otages qui ne sont toujours pas revenus à l'heure où ces lignes sont écrites, et des victimes de l'assaut du Hamas. Dans ce fracas des bombes qui tuent des enfants et des lames qui tranchent des gorges, la part de rêve que cette terre a portée s'éloigne toujours un peu plus. Ce n'est pas la moindre des responsabilités des responsables irresponsables de cette région. Dans les bateaux qui arrivèrent à la fin des années 40 se trouvaient des jeunes gens qui croyaient à une nouvelle forme de société pour, un jour, guérir de l'errance, puis de la Shoah. Cette terre s'offrait à eux, même s'ils oublièrent un peu vite que d'autres rêves y éclosaient depuis toujours. Le socialisme enthousiasmait ces belles âmes embarquées aux côtés de Ben Gourion pour continuer à faire fructifier les kibboutz qui existaient sur la terre de Palestine depuis le début du XXe siècle.

« Le gouvernement de Sa Majesté envisage favorablement l'établissement en Palestine d'un foyer national pour le peuple juif et fera tout ce qui est en son pouvoir pour faciliter la réalisation de cet objectif, étant clairement entendu que rien ne sera fait qui puisse porter atteinte soit aux droits civiques et religieux des collectivités non juives existant en Palestine, soit aux droits et au statut politique dont les juifs disposent dans tout autre pays. » Ces soixante-sept mots (en anglais) sont ceux de la Déclaration Balfour qui, en 1917, va poser les bases de la naissance de l'État d'Israël. Depuis la première implantation de kibboutz dans la région au début du siècle, la question du développement de la région est centrale, et les arabes accueillent plutôt bien les mots de Balfour, promesse d'une arrivée de bras et de cerveaux qui aideront à tourner définitivement la page de l'empire ottoman. Au-delà de l'apport technique et du partage de savoir-faire, les kibboutzim sont aussi emprunts d'idéologie socialiste qui façonnent l'organisation qu'ils mettent en place : les enfants n'habitent pas avec leurs parents, la laïcité et l'égalité des sexes y sont érigées en principe, les bâtiments communautaires constituent le centre du village et le travail est collectif. Dans *Nous étions l'avenir*[1], Yaël Neeman décrit la vie dictée par les rêves de dépassement du vieux monde, par le refus de la bourgeoisie, par le diktat du collectif sur l'individu. Du temps

1. Dans *Nous étions l'avenir*, publié chez Actes Sud en 2015, Yaël Neeman raconte sa vie dans le kibboutz Yehi'am, de sa naissance à ses 20 ans, où elle part à Tel-Aviv. Elle décrit la séparation, en germe depuis l'adolescence, d'avec ce système de vie et de pensée collectives. Et le difficile passage du « nous » au « je », jusqu'à la réappropriation de soi par le biais de l'écriture.

de son enfance, elle raconte qu'ils étaient élevés à l'écart de leurs parents qu'ils avaient le droit de voir une heure et demie par jour ; de sa peur, le jour où, par erreur et pour la première fois de sa vie, elle tombe sur son père en pyjama, endormi sur son lit, et qu'elle pense qu'il est mort parce qu'elle n'avait jamais vu un adulte qui dort. Il y eut ça, aussi, sur les ponts des navires qui accostèrent en Palestine en provenance d'Europe.

Dans l'ouvrage qui rassemble les *Écrits juifs* de Hannah Arendt[2] selon l'évolution chronologique de sa pensée sur les relations entre Israël et la Palestine, la philosophe allemande dit son attachement à la réalité du « foyer national juif ». À l'idée de pragmatisme qui va avec, de construction d'une nouvelle société, à la mise en œuvre pratique du rêve de foyer national juif, sa confrontation aux sols rétifs à l'agriculture, à l'organisation sociale vécue par les kibboutzim : ce défi lancé pour la construction d'une nouvelle société lui est cher. Son inquiétude redouble face à l'évolution de l'idée de foyer national en projet d'État. En effet, le pari de Theodor Herzl de voir l'antisémitisme disparaître une fois que les juifs « auront une nation comme les autres » échoue. L'avenir le montrera jusqu'à la création de l'État d'Israël et au déclenchement de la première guerre par les arabes. Hannah Arendt regrette ce repli dans un nationalisme « suicidaire » et met en garde : un État juif seulement pour les juifs ne serait pas viable pour celle qui pointe la « stérilité culturelle et politique des petites dictatures-nations très militarisées ». Un État guidé par des logiques strictement immunitaires « ne peut être institué qu'aux

2. Hannah Arendt, *Écrits juifs*, Fayard, 2011.

dépens du foyer national juif ». Un tel État serait un « pouvoir souverain dont le seul droit souverain serait celui de se suicider ». Hannah Arendt s'est toujours désolée de ce que les sionistes ne prennent pas assez en considération les arabes de Palestine, qu'ils ne les pensent pas dans leur projet. Jusqu'à la fin de sa vie, elle soutiendra que la question arabe demeure « la seule question politique et morale de la politique israélienne », alors que seule la coexistence peut garantir l'entente entre ces deux peuples indissociables. C'est pourquoi, dès après la première guerre de 1948, la philosophe élabore un modèle fédératif. Très attachée au développement économique de cette terre partagée, elle pense les intérêts des deux communautés comme inextricables. Surtout, si Israël veut ne plus dépendre de l'aide extérieure, il lui faut collaborer avec ses voisins (très) proches, dans une logique d'interdépendance dont Arendt se désole que personne ne semble la faire primer sur des intérêts nationalistes dangereux. Elle n'eut de cesse de dénoncer tous les projets qui envisageaient une partition pour mettre en avant les solutions (con)fédératives. Tout en regrettant face aux guerres successives que, malgré ses appréhensions, le destin du foyer national juif soit irrémédiablement lié à celui de l'État hébreu.

Aujourd'hui encore, des solutions alternatives existent. Peut-être seront-elles plus audibles quand sera venu le temps du « jour d'après » le 7 octobre, quand la question de la reconstruction politique deviendra envisageable pour chacune des parties concernées. Il est évident que la guerre est aussi un moyen de fermer la porte de l'avenir. Mais, si l'on veut croire qu'elle peut être une crise qui annule ce qui y a mené, alors regardons ce qui se fait du côté du mouvement *A Land for All – Two States One*

Homeland (Une terre pour tous – Deux États, une seule patrie, Bilad lil-jami en arabe, Eretz lekullam en hébreu). Fondé en 2012 par un journaliste juif israélien originaire de Tel-Aviv, Meron Rapoport, et un militant palestinien du Fatah originaire du camp de Dheisheh à Bethléem, Awni Al-Mashni, incarcéré pendant douze ans dans les geôles israéliennes, cette initiative constituée en ONG est codirigée par une Israélienne et une Palestinienne. Déconcertés par la persistance des nationalismes, les membres de *A Land for All* veulent passer du modèle de la séparation à celui du partenariat, et constituer ainsi un espace où puissent être discutées les choses qui ne fonctionnent pas, ou plus, dans l'organisation actuelle. Bien sûr, le but est la décolonisation, des esprits comme de la terre, en abolissant la doctrine d'Oslo qui, selon les fondateurs de l'ONG, alimente le racisme. La confédération consisterait à la création de deux États souverains dans les frontières de 1967, sur la base des accords d'Oslo. Elle garantirait la liberté de mouvement pour toutes et tous, et fonctionnerait grâce à des institutions communes, notamment en matière de gestion des ressources naturelles. Jérusalem serait la capitale des deux États et les injustices perpétrées par le passé seraient réparées selon les principes de la justice transitionnelle. Tout le monde pourra rester habiter là où il habite et chacun votera dans son État. L'État palestinien octroiera le droit au retour aux réfugiés, dont seulement un nombre limité pourra s'installer en Israël et le reste en Palestine, et l'État israélien continuera d'appliquer la loi du retour pour les juifs du monde.

Le projet est de plus en plus connu mais il est difficile d'envisager son avenir, tant l'atmosphère politique se dégrade, sans parler de la guerre, depuis l'arrivée de la coalition nationaliste-religieuse au pouvoir en Israël.

Si on peut envisager une solution politique pour l'après-guerre sans trop prendre de risques, on peut avancer qu'elle se fera sans Benyamin Nétanyahou, probablement sans Mahmoud Abbas, difficile d'imaginer qu'elle se fasse avec les dirigeants de la branche armée du Hamas que sont Ismaïl Haniyeh, Mohammed Deif et Yahya Sinouar. Surtout, il faudra qu'elle s'élabore à partir du constat de la réalité décrite notamment dans les pages précédentes : celle d'un seul État qui existe de la mer au Jourdain, pour reprendre une expression consacrée des militants de tous bords. Cet État, c'est l'État d'Israël.

« Il est grand temps de s'attaquer à ce que la réalité d'un État unique signifie pour la politique, les politiques et l'analyse. La Palestine n'est pas un État en attente et Israël n'est pas un État démocratique occupant accessoirement le territoire palestinien. L'ensemble du territoire situé à l'ouest du Jourdain constitue depuis longtemps un État unique sous domination israélienne, où la terre et la population sont soumises à des régimes juridiques radicalement différents et où les Palestiniens sont traités en permanence comme une caste inférieure. Les décideurs politiques et les analystes qui ignorent cette réalité d'un seul État seront condamnés à l'échec et à l'insignifiance, ne faisant rien d'autre que d'offrir un écran de fumée pour le maintien du *statu quo*. » Michael Barnett, Nathan J. Brown, Marc Lynch et Shibley Telhami sont quatre professeurs éminents de sciences politiques et de relations internationales, attachés à de grandes universités américaines. L'analyse qu'ils livrent à la revue *Foreign Affairs* en avril 2024 n'a rien d'un tract de militants. Elle décrit une réalité construite depuis près de quatre-vingts ans sur cette terre qui serait trop étroite pour deux peuples. Elle décrit un état de fait transformé en un point final intermédiaire par la déflagration du 7 octobre. Comme le disent les auteurs de l'article, quiconque continuera à s'abriter derrière « cet écran de fumée » ira au-devant de l'échec.

Quelle que soit la solution qui sera trouvée, une confédération, deux États, un seul État binational… elle sera évidemment le seul choix des peuples qui vivent sur cette terre. Mais elle ne pourra faire l'économie d'un examen approfondi et sincère de la situation telle qu'elle est. Ce n'est pas tant de solutions dont on manque que d'honnêteté pour dire ce à quoi on assiste. Depuis de nombreuses années. Pour nommer ce que vivent les uns et les autres, ici et maintenant. Pour dénoncer l'injustice de ces résolutions restées lettres mortes et l'illégalité d'une occupation qui se perpétue. Pour désigner la politique israélienne comme un processus que rien ne semble entraver. Pour décrire ce que vivent les Palestiniens selon l'endroit où ils vivent. Pour demander aux Israéliens la façon dont ils aimeraient sortir de l'impasse sécuritaire et politique dans laquelle les ont précipités Benyamin Nétanyahou et ses thuriféraires.

Chapitre 13

Hébron

Se lever avant le soleil, s'installer à l'arrière d'une remorque à peine réchauffée par un foulard mais revigorée par la promesse du pain et du thé chaud en arrivant dans les oliviers – j'aime ce terme qui laisse entendre qu'on plonge à travers les branches et qui me rappelle la première fois que, à Delphes, j'ai découvert la mer des oliviers. Quand on arrive dans les champs, il faut descendre le matériel, les échelles, les « peignes » (on peigne les branches pour faire tomber les olives) et surtout, ces immenses toiles plastifiées qu'on dispose autour du tronc et sous les branches pour recueillir les fruits. Le positionnement de l'échelle est un exercice périlleux qui, de loin, paraît simple mais une fois qu'il faut agir sur un sol sec, accidenté, recouvert d'une toile, tout en levant la tête pour repérer les branches les plus garnies… On adopte une certaine modestie devant le chef des cueilleurs qui se fera un plaisir de remédier au problème en un geste.

L'odeur des olives, c'est celle de la terre, du soleil, de la poussière, de la sueur. Tout le monde participe, les pères répartissent les forces, les enfants grimpent, les grands-mères s'installent sous l'arbre et vont trier, incroyable labeur pour séparer les vertes des noires, et de celles qui ne pourront être utilisées. Il faut suivre le rythme de ces mains expertes, noircies par des années de cueillettes, et emporter les seaux dans la remorque qui attend de partir à la coopérative du village ou au pressoir communautaire.

Le bruit des olives, c'est le bruit du vent, des feuilles qui crissent, si sèches en si peu de temps qu'on dirait qu'elles précèdent l'automne. Je me souviens aussi de ces cris qui ont parfois transpercé la cueillette, les pleurs d'une femme qui venait d'être chassée de son jardin par des colons – le cri des enfants venus avertir leur père que des soldats venaient de déverser une fiole dans le puits du village – le roulement d'une douille sous les pieds laissée là après une récente attaque – le bruit des bottes des soldats traversant les champs, ostensiblement, pour s'arrêter un peu plus haut, comme pour dire que nous étions sous bonne garde.

Cueillir les olives, c'est aussi le bonheur des pauses, le miracle de trouver des petits pains ronds et frais au fond de ces sacs plastiques qui sont partout, et qu'on croquera avec un morceau de concombre et du fromage frais, avant la datte et le thé, la cigarette et la sieste.

Être caché sous les branches, c'est le bon endroit pour parler de la vie de famille, des amours, de l'inquiétude de ne pas être marié à 25 ans, de l'étonnement de la possibilité d'une vie sans religion, du prix du poulet ou de la taille de l'appartement. Soudain, plus besoin de la politique, de l'occupation ou de la prison pour comprendre la vie. Soudain, la politique, l'occupation ou la prison ne résument plus la vie.

Et pourtant, difficile de faire abstraction de l'endroit où on se trouve. C'est une des plus vieilles villes encore occupées de la région. Al-Khalil en arabe, Hébron en hébreu. Depuis presque toujours vivent ici une minorité juive et une majorité musulmane, une répartition toujours d'actualité.

C'est aussi une des villes les plus tristes qu'il soit donné de visiter : le principe de la séparation y est poussé à l'extrême de l'absurdité et de la cruauté. Plus grande ville de Cisjordanie, elle compte 800 colons juifs et 215 000 habitants palestiniens, placés sous le contrôle de l'armée israélienne. Les colons, armés pour la plupart, vivent à l'intérieur de la ville, l'armée est partout. En son cœur se dresse le Tombeau des patriarches, lieu de repos éternel des patriarches bibliques Abraham, Isaac et Jacob, et des matriarches Sarah, Rebecca et Léa. Le bâtiment abrite à la fois une synagogue et une mosquée, les cénotaphes d'Abraham et de Sarah constituant la séparation entre les deux entités, marquée par une grille installée « à cheval sur Abraham ». Depuis 1997, le Protocole d'Hébron[1] définit le zonage particulier appliqué à la ville : classée en zone C, elle est coupée en deux entités appelées H1 pour la ville palestinienne et H2 pour la ville des colons qui habitent dans Hébron et qui, protégés par l'armée israélienne, ont sanctuarisé la partie orientale de la ville qui communique avec les colonies dont celle de Kiryat Arba, une des plus ancienne et des plus religieuse de Cisjordanie. Le découpage a progressivement isolé des rues entières, le souk est complètement fermé, une partie de la ville est transformée en « *ghost town* » – l'ambiance y est à la fois électrique et mortifère – les colons armés

1. Signé en janvier 1997 par Benyamin Nétanyahou et Yasser Arafat, le protocole d'Hébron divise la ville en deux secteurs : le secteur occidental, H1, est peuplé d'environ 100 000 Palestiniens et placé sous autorité palestinienne. Le secteur oriental appelé H2 comprend le quartier historique juif, le Tombeau des patriarches et la colonie de Kiryat Arba. Les quelque 800 colons qui y vivent sont protégés par l'armée israélienne.

sont partout, les haut-parleurs crachent de slogans racistes anti-arabes, ces « rats et ces chiens qui envahissent la ville. Quiconque les aidera sera traité comme un chien. » Comme en écho à ses injures proférées en toute impunité, le dénommé Ofer, soi-disant secouriste qui parcourt la ville au volant de son ambulance, aborde les touristes en aboyant qu'il n'hésitera pas à « laisser les arabes crever comme des chiens » si l'occasion se présente. Il n'est le sauveur que des colons. La haine à l'état pur. Au passage, il photographie les touristes soupçonnés de sympathie pro-arabe, et documente les allers et venues des Palestiniens de la ville.

La grande rue du souk, la rue des Martyrs, se termine en cul-de-sac constitué de blocs de béton et de barbelés dans lesquels s'accrochent les ordures. Fin de l'espace vital de la majorité des habitants de la ville.

Au nord de la ville se trouve Halhul, le village dans lequel vit Raed, paysan, fondateur de la coopérative Al Sanabel. La région est connue pour sa production fruitière et notamment, celle de raisin de table. Les nombreux obstacles administratifs et territoriaux ont convaincu le viticulteur de transformer une partie du raisin en jus pasteurisé, pour ne pas perdre la production bloquée par des barrages, ou perdue pour avoir attendu des heures durant à un check-point, avant de rejoindre le grand marché régional de Jénine. Depuis le 7 octobre 2023, les difficultés ont redoublé : la dernière fois qu'il a voulu aller labourer et préparer la terre pour la saison, Raed a été arrêté par des soldats qui l'ont accusé d'avoir emprunté la route des colons. Pour cela, son tracteur allait être confisqué mais avant, il allait passer la nuit menotté à sa remorque en attendant l'armée qui reviendrait au petit matin. Il a fini par réussir à se détacher et à quitter les lieux avant le retour des soldats, raconte-t-il en riant, lui qui fut arrêté une dizaine de fois pendant la première Intifada, notamment pour avoir voulu hisser le drapeau palestinien à l'entrée de Halhul. Emprisonné dans une prison du Néguev au moment de son baccalauréat, il a perdu deux ans qu'il a rattrapés en sortant, avant de partir en France pour passer son diplôme de mécanique. Marié à une Palestinienne de Jérusalem, il n'a que très peu partagé de vie de famille ne disposant pas du permis qui l'aurait autorisé à vivre avec femme et enfants. Depuis le 7 octobre 2023, ses deux fils, médecins diplômés de l'université l'un de Naplouse, l'autre de Kiev, en Ukraine, et sa fille, étudiante en ingénierie dans la prestigieuse université israélienne du Technion, sont confrontés aux remarques racistes de malades qui ne veulent pas se faire soigner par un arabe, ou de camarades mal intentionnés qui se demandent ce qu'une Palestinienne peut bien venir faire dans le temple de la start-up nation. La dernière fois qu'il est venu à Paris, il venait essayer de comprendre pourquoi le compte en banque ouvert en France au nom de la coopérative avait été mystérieusement fermé. Il n'a évidemment obtenu aucune explication. J'ai trouvé son sourire un peu plus fatigué que les fois précédentes – sûrement les cinq dents en moins qu'il a perdues lors de sa dernière confrontation avec des colons – mais toujours, il répète que la cause est juste et que pour ça, elle finira par « triompher ».

À Hébron, un circuit particulier, souvent guidé par les gamins de la ville, propose de parcourir la ville par les toits, une visite qui permet de constater le principe de verticalité de la colonisation. Souvent, les colons commencent par tirer sur les réservoirs d'eau qui se dressent sur les toits plats des maisons palestiniennes : ainsi, ils privent leurs occupants d'eau courante, les constructions étant rarement reliées à un système d'eau municipal. Après les tirs, le drapeau, c'est souvent comme ça que ça se passe sur les toits. Comme dans la vieille ville de Jérusalem, et comme pour les avant-postes au sommet des collines, ce sont les étages supérieurs qui sont investis en premier. Dès le début du mandat britannique sur la Palestine, Hébron va être le théâtre de massacres récurrents : ici plus qu'ailleurs, aucune communauté ne veut renoncer à sa présence, l'occupation se lit sur les murs où des panneaux naissent sur les bâtiments réquisitionnés par les colons pour raconter l'origine juive de tel ou tel bâtiment, ou expliquer pourquoi une yeshiva (école talmudique) sera bientôt installée dans tel autre. Ici plus qu'ailleurs, exception faite de Jérusalem, la Bible tient lieu de livre d'histoire pour sanctuariser la « présence » d'Abraham sous le chêne de Mambré – où des anges lui annoncent la naissance d'Isaac – et dans la grotte de Makhpéla où il décide d'enterrer Sarah. Des grottes, il y en a partout autour de Hébron, parfois habitées par des familles palestiniennes dont les maisons ont été réquisitionnées ou qui veulent rester du « bon côté de la ville » pour continuer à cultiver leurs terres. On y croise des femmes de la ville venues ramasser la fiente de chauve-souris dont elles feront une décoction qu'elles vendront très cher au souk, et qui promet la fertilité. On dit aussi qu'un jour, une vache égarée dans les collines progressa jusqu'au fond d'une cavité où elle laissa sa forme, avant d'aller vivre sa vie à Gaza, de l'autre côté.

Un passage par Hébron illustre le sentiment d'échec profond, l'impossibilité de dépasser les fracas de l'Histoire. Comment surmonter le massacre de 1929 pendant lequel 67 juifs ont été assassinés par balles ?

Comment pardonner le 25 février 1994, quand Baruch Goldstein, un extrémiste kahaniste[2], a tué 29 fidèles pendant la prière dans la mosquée d'Ibrahim (le nom arabe du Tombeau des patriarches) ? Ces deux événements rappellent le caractère religieux, voire rigoriste, de la ville soumise à une pression permanente de la communauté juive. La résistance des arabes, majoritaires mais peu à peu coupés de leurs sources de subsistance, n'y est que plus symbolique du *sumud*, ce mot devenu slogan, qui désigne cette inébranlable persévérance à rester sur une terre qu'ils ne peuvent abandonner au nom de la mémoire de leurs ancêtres, et dont ils ne peuvent se détourner au nom du regard porté sur eux par leurs enfants. Raed vit dans la maison où ses grands-parents et parents ont vécu. La dernière fois qu'il a eu maille à partir avec des colons, il a pensé à ses enfants : il s'est convaincu de ne pas trop résister sous les coups, de peur de disparaître et de ne plus pouvoir continuer à incarner la présence palestinienne sur l'antique terre d'Al-Khalil.

2. Le kahanisme est une idéologie extrémiste développée par le rabbin Meir Kahane, un sioniste religieux fondateur du parti Kach.

Conclusion

Sous les oliviers

Au moment de conclure, une école de l'Unrwa a été bombardée par l'armée israélienne qui a revendiqué l'attaque, affirmant avoir visé « une base du Hamas située à l'intérieur » de l'établissement. Aucun journaliste pour raconter, ni pour vérifier les chiffres donnés par des ONG mais une petite centaine de personnes ont vraisemblablement été tuées dans le bombardement, majoritairement des femmes et des enfants. L'information reste bouclée, la guerre se déroule à huis clos et le monde célèbre les 80 ans du débarquement de Normandie qui imposa une certaine idée de la liberté en Occident après le déluge de feu et de sang que fut la Seconde Guerre mondiale. Quand je rendrai ce livre, cela fera deux cent cinquante-cinq jours que la guerre se déchaîne à Gaza, que les attaques se multiplient en Cisjordanie, que des familles sont sans nouvelles des leurs retenus dans la bande de Gaza et que le Premier ministre israélien s'enferre dans sa stratégie obscure et sans objectif réaliste. Les dirigeants du Hamas soufflent le chaud et le froid sur le processus de négociation d'une trêve et à Ramallah, l'Autorité palestinienne se tait. Les manifestations continuent de résonner dans le monde universitaire, les oiseaux de mauvaise foi se pavanent *ad nauseam* sur les plateaux de télévision pour verser de l'huile sur le feu. Les quelques dirigeants qui pourraient peser tergiversent, comme s'ils découvraient la situation. J'allais ajouter, comme s'ils se rendaient compte de l'étendue des dégâts dont ils se savent coproducteurs.

Au moment de conclure, Israël a décidé d'augmenter le nombre de ses réservistes en vue d'une opération dans le nord, sur le front libanais, pour affronter le Hezbollah. L'État hébreu n'a jamais cessé de se considérer comme une entité potentiellement attaquée, donc sur la défensive depuis la première guerre de 1948, d'où le nom de son armée appelée « forces de défense ». Pourtant, comme on l'a vu au cours de ces pages, les conquêtes de territoire, les confiscations de propriétés, les entraves à la liberté de mouvement sont de son fait, celui de l'occupant. La IVe Convention de Genève interdit les « colonies de peuplement » : « La Puissance occupante ne pourra procéder à la déportation ou au transfert d'une partie de sa population civile dans le territoire occupé par elle ». Au-delà de ce qu'il considère comme son territoire, Israël désigne régulièrement des forces présentes dans les pays qui l'entourent comme des ennemis mortels : Hezbollah, Jihad islamique, régime syrien, sans oublier l'Iran qui reste la menace numéro 1 face à laquelle Benyamin Nétanyahou se présente régulièrement comme la plus efficace des vigies. Depuis la première guerre du Golfe et encore plus depuis le 11 septembre 2001, la lutte contre le terrorisme a rassemblé « toutes les démocraties du monde » (parfois autoproclamées) dans une espèce de front relativement aveugle et souvent unanime, sur l'identité de la menace. Israël occupe sa place dans ce cénacle qui se prolonge jusqu'au Conseil de sécurité où toutes les résolutions proposées qui vont contre lui sont repoussées par le veto américain. Vanté dans le monde pour ses techniques infaillibles de surveillance ou de guerre asymétrique, l'État hébreu a su se rendre indispensable.

Au moment de conclure, je me demande si après le 7 octobre 2023, il y aura toujours lieu de parler du partage de 47, de la Nakba, des guerres arabes, des accords d'Oslo, des Intifada ? Cette journée ne va-t-elle pas devenir un nouveau référentiel politique dans la région ? Ce massacre marque une rupture. Son ampleur, son *modus operandi*, l'onde de choc qu'il a provoquée en retour imposent un mot aux esprits qui essaient de penser la terreur : vengeance. Pour cette terre imprégnée de récits saints, de paraboles bibliques qui toutes poursuivent la gageure d'éduquer l'homme face à la trahison ou à la tentation, ce qui est advenu le 7 octobre est une victoire de l'instinct et une défaite de la politique. Comment avoir laissé la situation en arriver là ? Comment ne pas avoir su que la succession d'échecs, de renoncement, de tentatives avortées de paix ne pouvait que mal finir ? La cruauté du 7 octobre est aussi le symptôme de frustrations engrangées depuis près de quatre-vingts ans.

Au moment de conclure, j'aimerais revenir à cette terre qui a inspiré mon propos, et nourri tant de convoitises. Historique, biblique, sainte, elle est devenue le troisième personnage de l'histoire, elle s'est insinuée si profond dans l'âme de ses habitants qu'elle les a maraboutés. Mais l'histoire a été pensée du côté de l'arrivant, qui portait sur ses épaules le poids du mal absolu et qui ne pouvait que mériter cette garantie maximale de n'être plus jamais menacé. Je me souviens avoir été extrêmement émue par la visite du mémorial de Yad Vashem, à Jérusalem, construit en mémoire des victimes de la Shoah. Je me souviens avoir été tout autant troublée par la vision d'un visiteur, juif israélien, qui déambulait dans les salles avec son pistolet à la ceinture. Ce n'est pas une anecdote pour dire la transformation inéluctable de la victime en bourreau. Ce relativisme est un argument dangereux, souvent utilisé à mauvais escient, généralement par paresse intellectuelle. Je le dis parce qu'il me semble qu'on ne peut se considérer dans son bon droit avec une arme à portée de main. Si un tel recours est indispensable pour se sentir chez soi, il y a forcément un problème avec ce chez soi. L'autre qu'on cache apparaît tout le temps là. L'autre qu'on tait surgit dans les conversations. Je n'ai jamais vu autant d'armes que sur cette terre, des armes automatiques dans le dos des colons, celles des soldats, celles des quidams distribuées depuis peu par l'actuel ministre de la Sécurité nationale qui se félicite que 100 000 autorisations de port d'armes ont été approuvées depuis le 7 octobre. Si les hommes n'y prennent garde, l'Histoire ne cessera d'accumuler le petit bois pour faire partir le feu plus facilement.

Au moment de conclure, difficile de s'avancer sur un quelconque chemin qui ne s'ouvrira que quand la guerre s'arrêtera. Restent à disposition les outils de la pensée pour préparer les esprits à l'égalité. C'est la seule chose que la communauté internationale doit – aurait dû, devrait, devra – assurer : l'application d'une égalité de droits entre tous, seule condition pour que ces deux peuples déterminent la nature de leur relation. Les mêmes droits de la mer Méditerranée au Jourdain. Il faut reconnaître que la séparation n'en est pas une, que les uns dépendent des autres et que le mieux qui puisse leur arriver porte le nom de frontière – n'en déplaise aux contempteurs du nationalisme. À l'heure où dans le monde entier, les sirènes protectionnistes font trembler les vieilles démocraties, voilà une terre qui mériterait d'être divisée au nom du chacun chez soi. Qui permettrait de discuter droits et devoirs. Pour cela, il faut évidemment penser la fin de l'occupation.

Au-delà du destin individuel des dirigeants incompétents et dangereux qui n'ont eu de cesse de mettre le destin de leurs peuples dans la balance de leurs ambitions personnelles, il est probable que le 7 octobre contribue à tourner la page d'une première séquence qui commencerait avec la création de l'État d'Israël. On peut souhaiter cette mise à égalité, que la reconnaissance de la Shoah n'empêche pas celle de la Nakba. Que le niveau de la catastrophe et son modus operandi ne conditionnent pas l'accès aux droits fondamentaux. Qu'Israël soit enfin considéré comme un État normal, à qui on peut demander des comptes.

Au moment de conclure, il n'est pas risqué de dire que le 7 octobre aura changé la façon dont les regards se porteront sur la région. Déjà, depuis le lancement de la campagne BDS en 2010 par Omar Barghouti, la cause palestinienne a pris une autre dimension. Boycott-Désinvestissement-Sanctions est devenu le cri de ralliement de tous les militants de la cause : pour mettre fin à l'occupation et à la colonisation par Israël des territoires palestiniens occupés depuis 1967, il faut boycotter les produits israéliens, et notamment ceux qui viennent des colonies ; il faut que les entreprises engagées dans des chantiers illégaux selon le droit international, comme Veolia pour le tramway de Jérusalem ou Carrefour dans les colonies, rompent leurs contrats pour cesser d'être complices de l'occupation ; enfin, les sanctions concernent des accords entre États comme l'accord d'association passé entre Israël et l'Union européenne. De la lutte armée au terrorisme international, de la résistance populaire à la campagne internationale BDS, de l'adhésion à la CPI à la reconnaissance d'un État palestinien, la défense du droit des Palestiniens a évolué pour se rapprocher toujours plus d'un combat pour le droit, et seulement le droit.

Le 13 novembre 1974, Yasser Arafat prononçait un discours historique à la tribune de l'Assemblée générale de l'ONU en tant que représentant de l'Organisation de libération de la Palestine (OLP). Il dira ceci : « Ils ont installé leurs propres colonies sur les ruines de nos terres et de nos fermes. Ils ont cultivé nos vergers et nos champs. C'est ici que le problème de Palestine a son origine. Il ne s'agit donc pas d'un conflit entre deux religions ou deux nationalismes. Il ne s'agit pas d'un différend de frontières entre deux pays voisins. Il s'agit plutôt de la cause d'un peuple qui a été chassé de sa terre, dispersé, déraciné et condamné à vivre, dans sa grande majorité, en exil et dans des camps de réfugiés. »

Au moment de conclure, j'aimerais être sous les oliviers, à écouter le vent souffler dans les branches, plutôt qu'à devoir trouver une fin ouverte et incitative à ce voyage. J'aimerais être sous les oliviers cette année, et la suivante et celle d'après, y être arrivée sans aucun problème, par l'autoroute de l'aéroport, en ayant profité de la route qui mène au village sans vigilance particulière, sans avoir croisé le moindre check-point et à bord d'une voiture dont je n'aurais même pas pensé à regarder la plaque avant d'indiquer la direction au chauffeur.

Paris, le 17 juin 2024

Remerciements

À Raed
À Lou et Suzanne
À Laure, à Thierry, à Lucas
À Anne, à Julie, à Thomas
À Lucille Saillant, à Philippe Rekacewicz

Bibliographie

Éliette ABÉCASSIS, *Petite métaphysique du meurtre*, PUF/Quadrige, 2003

Hannah ARENDT, *Eichmann à Jérusalem – Rapport sur la banalité du mal*, Folio Histoire, 1966

Hannah ARENDT, *Écrits juifs*, Fayard, 2011

Yonathan BERG, *Quitter Psagot*, L'Antilope, 2021

Sylvain CYPEL, *Les emmurés – La société israélienne dans l'impasse*, La Découverte, 2005

Thérèse DELPECH, *L'ensauvagement – Le retour de la barbarie au XXe siècle*, Hachette Littératures, 2005

Jean-Pierre FILIU, *Comment la Palestine fut perdue et pourquoi Israël n'a pas gagné*, Seuil, 2024

Jean GENET, *L'ennemi déclaré*, Folio, 1991

Alain GRESH, *Israël-Palestine, vérités sur un conflit*, Fayard, édition actualisée après le 7 octobre 2023

Histoire de l'autre, Israël-Palestine, Liana Levi, 2004

Ghada KARMI, *Israël-Palestine, la solution : un État*, La Fabrique, 2022

Gilles KEPEL, *Holocaustes – Israël, Gaza et la guerre contre l'Occident*, Plon, 2024

Elias KHOURY, *La porte du soleil*, Actes Sud/Sindbad, 2002

Elias KHOURY, *Les enfants du ghetto – Je m'appelle Adam*, Actes Sud/Sindbad, 2018

Stéphanie LATTE ABDALLAH, *La toile carcérale – Une histoire de l'enfermement en Palestine*, Bayard, 2021

Stéphanie LATTE ABDALLAH, *Des morts en guerre – Rétention des corps et figure du martyr en Palestine*, Karthala, 2022

Vincent LEMIRE, *Au pied du mur – Vie et mort du quartier maghrébin de Jérusalem (1187-1967)*, Seuil, 2022

Elias SANBAR, *Le bien des absents*, Babel, 2001

Elias SANBAR, *La dernière guerre ?*, Tracts, 2024

Shlomo SAND, *Comment la terre d'Israël fut inventée – De la Terre sainte à la mère patrie*, Flammarion, 2012

Shlomo SAND, *Deux peuples pour un État ? Relire l'histoire du sionisme*, Seuil, 2024

Michael SFARD, *Le mur et la porte – Israël, Palestine, 50 ans de bataille judiciaire pour les droits de l'homme*, Zulma Essais, 2020

Khalil TAFAKJI, *31° Nord 35° Est, chroniques géographiques de la colonisation israélienne*, La Découverte, 2020

Thomas VESCOVI, *L'échec d'une utopie – Une histoire des gauches en Israël*, La Découverte, 2021

Revues

Confluences Méditerranée – Pouvoir(s) en Palestine, N° 117 (été 2021), L'Harmattan
Ce que la Palestine apporte au monde, Seuil/INA, ARABORAMA, 2023

« Serge Klarsfeld a compris que les grands mots resteraient toujours en deçà de l'horreur, que notre indignation, si naturelle pourtant, ne saurait être à la mesure du gigantesque massacre. Il a donc choisi l'objectivité et la terrifiante précision des énumérations et des statistiques, sachant que cette précision et cette objectivité étaient en elles-mêmes le plus implacable des réquisitoires. Beate et Serge Klarsfeld sont pourtant dans le monde contemporain un exemple unique et pour ainsi dire exceptionnel de désintéressement et d'abnégation, leur combat revêt ainsi une haute signification morale. »

Vladimir Jankélévitch,
1978 – Le Nouvel Observateur

ÉDOUARD JOURDAIN

Maîtriser les conflits par les communs – Contribution à une théorie politique de l'anticipation et de la conjuration des guerres

« Les débuts de l'histoire de la prospective en tant que discipline remontent à la fin des années 1940 avec Gaston Berger. À cette époque, il était un jeune chercheur qui travaillait dans le laboratoire de psychologie sociale de l'Université de Bordeaux. Dans le cadre de sa recherche, il a développé une méthode qui allait devenir la prospective : l'analyse des tendances et des mouvements sociaux à long terme. Il résumait ainsi l'enjeu de cette discipline : "Sur une route bien connue, le conducteur d'une charrette qui se déplace au pas, la nuit, n'a besoin pour éclairer sa route que d'une lanterne. Par contre, l'automobile qui parcourt à vive allure une région inconnue doit être munie de phares puissants.". »

Édouard Jourdain

Par son analyse approfondie des méthodes de prospective appliquées à la prévention des conflits, Édouard Jourdain pointe les faiblesses de la discipline académique et pratique depuis ses origines avec Gaston Berger, après la Seconde Guerre mondiale, jusqu'aux approches modernes. Illustrant les échecs fréquents des prédictions dans ce domaine, notamment avec Lawrence Freedman, Édouard Jourdain met en lumière leurs insuffisances et développe une nouvelle approche par les communs, fondée sur l'intelligence collective et un renouvellement de la notion de démocratie. Offrant une perspective critique les capacités d'anticipation et de sortie de guerre, cet ouvrage constitue une réflexion cruciale pour tous les esprits concernés par les enjeux politiques de demain.

Patrick Frémeaux

Diplômé de l'EHESS, docteur en science politique et philosophie, Édouard Jourdain se distingue par ses recherches en sciences politiques. Celle qu'il nous livre ici est le fruit d'un travail post-doctorat de trois années à Polytechnique sur l'anticipation des conflits armés. Il intègre notamment une approche par les communs de la guerre en ce qui concerne à la fois leur capacité à renseigner sur sa possibilité dans un contexte d'incertitude et leur capacité à la prévenir grâce à des institutions renouvelant la notion de démocratie.

Composition couverture : Frémeaux – Image Ligne
Composition et mise en pages : PCA CMB
Impression et brochage : F. Paillart – Abbeville – France

Ce livre est imprimé sur Papier Munken Print White certifié FSC (Forest Stewardship Council) système de certification cofondé par le WWF (Fonds Mondial pour la Nature) assurant une gestion forestière durable, écolabellisé ECF (Elemental Chlorine Free) garanti sans chlore. Les encres sont végétales selon le protocole Imprim'vert.

Frémeaux & Associés est co-fondateur de Forêts et Campagnes d'Avenir ; Groupement Forestier et Rural Conservatoire et Expérimental de Protection du Vivant labellisant des actions écologiques : (Ceinture Mosaïque Verte, ORE Obligation réelle Environnementale pour favoriser la biodiversité, Édition de vulgarisation scientifique, Conversion biologique agro-viticole…) et propriétaire de bois, vergers et de forêts sanctuarisées. Forêts et Campagnes d'Avenir est un OSBL (Organisme sans But Lucratif)

Numéro d'impression : 17616
Achevé d'imprimer Septembre 2024